天

Borderless

下

博稽古今　融汇天下

天
Borderless
下

博
观

The Spirit of the Common Law

普通法的精神

（中文修订版）

[美]罗斯科·庞德　著

唐前宏　廖湘文　高雪原　译

夏登峻　审校

法律出版社 LAW PRESS · CHINA

图书在版编目（CIP）数据

普通法的精神 / (美) 罗斯科·庞德著；唐前宏，廖湘文，高雪原译. ——修订本. ——北京：法律出版社，2018（2023.10重印）
ISBN 978-7-5197-2269-2

Ⅰ. ①普… Ⅱ. ①罗… ②唐… ③廖… ④高… Ⅲ. ①法理学 Ⅳ. ①D90

中国版本图书馆CIP数据核字（2018）第094425号

普通法的精神
PUTONGFA DE JINGSHEN

作　　者：［美］罗斯科·庞德
译　　者：唐前宏　廖湘文　高雪原
责任编辑：韩满春
装帧设计：贾丹丹
出版发行：法律出版社
编辑统筹：学术·对外出版分社
责任校对：杨锦华
责任印制：陶　松
经　　销：新华书店
开　　本：A5
印　　张：6.375
字　　数：133千
版　　本：2018年6月第1版
印　　次：2023年10月第3次印刷
印　　刷：天津嘉恒印务有限公司
书　　号：ISBN 978-7-5197-2269-2
定　　价：46.00元

销售电话：010-83938349　客服电话：010-83938350　咨询电话：010-63939796
地　　址：北京市丰台区莲花池西里7号(100073)
网　　址：www.lawpress.com.cn
投稿邮箱：info@lawpress.com.cn
举报盗版邮箱：jbwq@lawpress.com.cn
凡购买本社图书，如有印装错误，我社负责退换。电话：010-83938349

作者简介

罗斯科·庞德 Roscoe Pound, 1870 ~ 1964

出生于美国内布拉斯加州，父亲做过律师。22 岁时在内布拉斯加州大学研究植物学，同时从事法律实践工作。1903 年后任内布拉斯加州大学法学教授，后又任芝加哥大学、哈佛大学法学教授。1916 ~ 1936 年任哈佛大学法学院院长。他对法理学有着极大的兴趣，著述颇丰，主要有:《法理学》《法哲学导论》《法与道德》《美国刑事司法》《法理学大纲》等。

校者简介

夏登峻

1926 年 4 月　生于安徽庐江，上海震旦大学法学院毕业。曾任西南政法大学图书馆馆长，美国加州大学伯克利分校法学院访问学者、研究员，美国法律图书馆协会刊物《外国法学期刊索引》(IFLP) 中国索引员。主要的著、编、译、合译作品有:《英汉法律词典》《法律英语英汉翻译技巧》《美国法律文献检索》《美国民事诉讼法》《世界各国法制概况》《新帕尔格雷夫法经济学大辞典》《牛津美国联邦最高法院指南》等。

说　明

本书是在法律出版社 2001 年中译本基础上修订而成。中文修订版加入纳尔·汉密尔顿和马赛厄斯·艾尔弗雷德·杰瑞恩合写的“商业版序言”，该序言得到 Transaction Publisher 的授权。

目录

审校者的话

《普通法的精神》一书中译本出版已近十载，深受读者欢迎与喜爱，毕竟印数有限，不少法学学子、学者欲读之而难得手，前两年法律出版社提供纳尔·汉密尔顿和马赛厄斯·艾尔弗雷德·杰瑞恩合写该书的“商业版序言”(Introduction to the Transaction Edition)要求翻译并与原译本一起再出修订版，乘此机会，再次审订，古人云“文章不厌百回改，反复推敲佳句来”，托尔斯泰的《战争与和平》修改了七遍，但愿此次译本有所改进，并早日与读者见面以飨读者。

2009 年 5 月

商业版序言

内森·罗斯科·庞德1870年10月27日出生于内布拉斯加州。即使在19世纪70年代,庞德家族的命运与美国历史也紧密相连。自约翰·庞德从英格兰迁居美国长达两个世纪之后,庞德家族终于在1648年定居于宾夕法尼亚与新泽西之间的特拉华河谷。按照威廉·彭的殖民地特许令,约翰·庞德获得允准之后,成为成功的农场主,经营着后来被称为"西新泽西"的一块土地。罗斯科·庞德称其先辈为"一个献身于道德的人……在暴力冲突之时代,言辞质朴、真诚相告、避免为勋章的虚荣甚至追求有价值生活的教导深深地影响了他。"[1]罗斯科的父亲,斯蒂芬·博斯

---

〔1〕 Memorandum from Roscoe Pound to Paul Savre, his biographer(updated)(on file with the University of Iowa archives, Iowa City, Iowa).

沃斯·庞德,1863 年在纽约州开始做律师。1866 年,他与新婚妻子劳拉·比德尔肯贝一起移居内布拉斯加草原,1867 年参与内布拉斯加州的创建,1869 年,在罗斯科·庞德出生的前一年,见证了内布拉斯加大学的诞生。

庞德家族基督教中贵格派*的传统隐约地贯穿着罗斯科·庞德的一生。在谈及其第一个传记作者保罗·瑟瑞时,庞德断然否定了瑟瑞的几个陈述:“为何要听锱铢必较、地位低微者的唠叨?对人身攻击不予理会,努力地做到多一些理解少一些批评,回应批评时要探讨客观的问题而不要就别人的观点进行争辩,这就是我坚持不渝的原则。”[2] 从记载来看,庞德并没有多少有力的攻击者。对于瑟瑞所披露的那位,庞德一再强调说:“《哈佛法律评论》经常把我的书寄给那些我认为不友善的人,我预知结果如何糟糕,但我奉行绝不回应攻击的原则。时光流逝,诽谤终会被人遗忘。”

1948 年瑟瑞所著的庞德传记出版时,庞德的姊妹奥莉维尔·庞德告诉瑟瑞:“我们的家庭从不为批评所困。当路易斯的第一本被证明为划时代之作问世时,一些哈佛评论者认为它不过是神经错乱者的呓语。”[3] 路易斯·庞德是另一个姊妹,在宾夕法尼亚州的斯沃斯摩学院任教多年。罗斯科参加了在

---

* 亦称公谊会,17 世纪中叶由乔治·福克斯所创,他们不信奉任何正式经典,不遵守基督教团体所坚持的洗礼、圣餐等仪礼。——译者注

〔2〕 Letter from Pound to Savre (Jan. 8, 1947) (on file with the University of Iowa archives).

〔3〕 Letter from Olivia Pound to Sayre (Aug. 2, 1948) (on file with the University of Iowa archives).

斯沃斯摩的希克斯*(Hicksite)。贵格会教徒的聚会。瑟瑞描述道,“他坚定地认为教友会强调的核心在于行为、‘精神’或‘内在观念’,而非神学的或超人的信条”。[4] 尽管总的看来不易觉察,但《普通法的精神》仍可让人窥见庞德在法律推理之中对人类精神的探索。庞德寻求的是人类生存中个人所能实现的最明智的范例。

庞德探索了记载于各种文献当中的法律发展,特别是个人权利这一主题,包括西方法律源头、罗马人论述、英国普通法演进和法国法典的发展,以及人们以更早的传说为基础建立的殖民地早期法律。对于科学、人性和社会科学有着独到、全面的探究和了解。纽约大学某学院院长阿瑟·范特比尔特指出:

> 大法官霍姆斯先生,凭借其一贯的巧妙语言能力,情不自禁地创造了“无与伦比”(uniquity)一词去描绘他极为赞赏的罗斯科·庞德的特点。对于法律

---

* 1748~1830年,美国公谊会布道家、主张摆脱传统的束缚而自由发展基督教信仰,反对制定固定的公谊会信条,致使公谊会分为保守派与自由派,他为自由派领袖,随从者被称为希克斯派。——译者注

〔4〕 Paul Sayre, *The Life of Roscoe Pound*(Iowa City: College of Law Committee, State University of Iowa, 1948), 389。1959年之前,保罗·瑟瑞在衣阿华大学任法律教授。衣阿华法学院院长威廉姆·海因斯(William M. Hines)记得瑟瑞是“一个我们曾有过的最有怪癖的员工之一。他上课时总是牵着他的狗,不止一次因与来访者互致道别而忘记了下火车。他在距衣阿华市数小时里程之外的芝加哥下车,身无一文”。1996年7月与科特勒·杰瑞恩(Courtney Jaren)见面。在注明为1949年3月18日给庞德的一封奇怪的信中,一些独特的用语能够加深这种古怪印象:“如果你把所有的书收集到一起寄出,那么我就如同早期的基督教隐士,刚刚从沙漠里的骆驼特使那里接收有关福音故事的新手稿。”(庞德对他显然心存疑虑,以致每年都要重新委托。)“你说起倒是轻松。它意味着我的生活就是与我现在正忍受的进行抗争……单是这些事件就足以展开我心灵中令人激动的思想之链,引导我在阅读你的和他人的著作、了解其他使最后的工作得到十倍的丰富、清晰和真实的事情时得到各种体验……也许你忽视了我的饥饿程度。”(瑟瑞给庞德的信,1949年3月18日,见衣阿华大学档案。)

> 和相关的社会科学，庞德不仅是一个罕见的百科全书式的学者，而且被公认为古往今来最渊博的美国法学家；他独有的广泛兴趣和令人惊叹的研究深度服务于同一目标。作为美国程序改革的一名先锋、克利夫兰犯罪调查的领导天才、行政专制主义的坚定反对者和社会法学派的创始人，他竭力运用普通法法系和民法法系及几个社会学科规律的资源，完成了一个又一个成功的法律改革任务。[5]

范德比尔特院长用以描述庞德的“大度”一语与庞德对大法官霍姆斯先生的评价不同。在给保罗·瑟瑞的信中，庞德说：

> 我完全同意你的观点，后来出现了许多关于前任的大法官霍姆斯先生的无聊评论。试图将以各种轻率观点添加到对霍姆斯先生的回忆上，这已成为人人追逐的时尚。在美国法官和法律学者中，他无疑十分杰出。但同时应当承认，他的著作却并非如此，他对刑法问题一点儿也不在行，因为长期以来他所熟悉的马萨诸塞州衡平法发展非常滞后，他固执地认为过失可以归纳为一组详尽的规则。换言之，即使霍梅(Homer)有时赞同，但我也担忧，作为对他近期的过度溢美反映反而可能导致其遭受下一代的冷遇。[6]

---

〔5〕 Dean Arthur Vanderbit, Address at the Lotus Club, New York (June 28, 1948).

〔6〕 Letter from Pound to Sayre (Dec. 1, 1941) (on file with the University of Iowa archives).

罗斯科·庞德对自己的批评也一点儿不少。在经历了法律生涯中繁忙的一天之后,他在思考一个晚上的同时给一个密友的信中问道:“我为什么从事法律工作?就因为我父亲希望如此?为什么身处在最不文明的原始群中心而我却故作文人雅士?”〔7〕其实,法律是庞德的第二选择。在内布拉斯加大学认真学习植物学是其学术生涯的开始,1888 年他获得了学士学位。

1889 年庞德进入哈佛法学院学习。法学院教授约翰·切普曼·格雷〔8〕和哈佛大学校长查尔斯·艾利奥特之间的通信对这一时期的哈佛法学院的特点作过贴切表述:“法学院繁衍律师的洞穴偶像确为事实的替代物,这较之事实本身而言或许是更好的智力体操,更能激发学生的热情。然而,学院大多数教授回避和蔑视与真实世界的联系,这就撒下了毁灭的种子,将肯定走向失败。”〔9〕克里斯托弗·哥伦布·兰德尔(Christopher Columbus Langdell)是后来的哈佛法学院院长。戴维·维克多 1974 年在写一本庞德传记时将兰德尔的教育制度称为“包罗万象的科学:为法律原则的发展而整理汇编英美两国的判例”。〔10〕兰德尔创立的案例教学法要求学生阅读和

---

〔7〕 Letter from Pound to Orner Hershey(Feb. 10,1895)(on file with the University of Iowa archives);also in Sayre,The Life of Roscoe Pound,85.(赫歇是庞德的哈佛同学和亲密朋友,经营巧克力。)

〔8〕 见约翰·奇普曼·格雷:《法律教育方法》(第 4 部分),载《耶鲁法学杂志》1892 年第 1 期,第 159 ~ 161 页;另一篇《法理学原则和某些定义》,载《哈佛法律评论》1892 年第 6 期,第 21 页。

〔9〕 Letter from John Chipman Gray to Charles W. Eliot,President of Harvard(Jan. 8,1883),in Mark Dewolfe Howe,Justice Oliver Wendell Holmes:*The Proving Years*,1870 - 1882(Cambridge,Mass.:Belknap press,1963),158.

〔10〕 David Wigdor,Roscoe Pound,*Philosopher of Law*(Westport,Conn.:Greenwood Press,1974),35.

讨论案件，同时运用归纳法自己推断出法律原则。

兰德尔并未使其所有同行学者信服。奥利弗·温德尔·霍姆斯相信兰德尔的《合同的要素》(*Elements of Contract*)一书是"非凡创造力的虚度篇章"，而兰德尔本人则代表着"黑暗的力量"。[11] 霍姆斯在1908年给弗雷德瑞克·波拉克的信中进一步评论兰德尔的《衡平法管辖》(*Equity Jurisdiction*)一书揭示了"他心智狭隘，哲理欠缺，暗示其历史知识粗浅。我认为他(兰德尔)缺乏基本常识"。[12]

对庞德而言，1889年是令人兴奋的一年，但哈佛和波士顿尚未成为他的成就感的主要渊源。在哈佛学习了一年的法律离去之后，他回到了内布拉斯加州做律师并又重作植物学研究。

1890年到1900年，庞德学习植物学的同时与其父一起执业。1893年，在其经历的第一个内布拉斯加州陪审审判案件中，他针对美国司法界另一颗新星威廉·杰宁斯·布瑞恩(William Jennings Bryan)作出答辩。[13] 1896年，通过出版《狗与法律》(*Dogs and the Law*)，他进入了法学期刊的特约作者圈子。在幽默地评论普通法及其文献时，庞德断言，"普通法

---

〔11〕 Letter from Holmes to Pollock (July 6, 1908) in Mark DeWolfe Hoew, ed., Holmes-Pollock Letters: The Correspondence of Mr. Justice Holmes and Sir Frederick Pollock, 1874 – 1832, 2nd ed. (Cambridge, Mass.: Belknap Press, 1961), 140.

〔12〕 Letter from Oliver Wendell Holmes, Jr., to Sir Frederick Pollock (Apr. 10, 1881) in Hoew, Holmes-Pollock Letters, 17.

〔13〕 布瑞恩后来成为总统热门人选，当时是一个 orator of the Chataqua Circuit，在臭名昭著的1925 Scope审判中是Clarence Darrow(庞德在下一个十年里在芝加哥与其会面)的对手。值得注意的是后来成为全国性人物的律师们之间的联系。

原始的理论没有将偷狗行为视为盗窃犯罪,将招致有力的抨击”。[14] 继而,他愤怒地指出,“我相信,人们已经说得够多了,足以表明勤奋的作者和富于进取的出版人肆意抨击的领域。这个行业焦躁地等待着对犬科法理学的论文……我会期待这些建议通过一个两卷本问世而得到报答吗?我想不。这就是人性的忘恩负义,除非我能胜过那些为宣传出版物撰写鉴定和评论的作者,并给上述那些进取的出版商提供对等的补偿。”[15]

庞德继续学习植物学并于 1897 年获得博士学位,其间他还主持内布拉斯加州植物普查。这十年里他也执业,还在位于州府林肯新的州法学院任助理讲师。1901 年他被任命为内布拉斯加州最高法院法官。

在早期的一份判决意见书中,庞德写道,“我们制度的原理在于法律:这个法律并非由法律判决所执行的实际规则所构成,而是这些规则所遵循的一些原则所构成;那些古老的原则被适用于新的案件,由此所产生的规则因不断变化的条件和新的事实要求而不停地被修改”。[16] 这份公布于 1903 年的司法判决意见是庞德经常探索的一个主题。同年,他成为内布拉斯加大学法学院院长,在这个位置上他继续开拓他的思想并研究法哲学。

1905 年,庞德以衡平法作为背景第一次提出“机械的法理

---

〔14〕 Green Bag 8(1896):172,173.(According to the editors of this periodical,“An Enterprising Magazine for Lawyers”.)

〔15〕 Ibid.,172.

〔16〕 Williams v. Miles,68 Neb. 463,470;94 N. W. 705,708(1903).这是一个预言性的观点,贯穿于庞德的论文之中。

学”的观点。[17] 他用其个人的实用主义去分析他所发现的衡平法的衰落。他的前同事艾伯特·科库尔克这样形容庞德：“在一定程度上，庞德与霍姆斯一样，生活安排十分简单——处理眼前的事，并且抓住其中你能抓住的。一个形而上学者可能不屑一顾，认为这并不代表任何真正的哲学，也不是一个可论证和实现的目标。然而，那可能是一个可行的模式，这完全是实用主义所要求的。”[18]

了解庞德的实用主义是颇有意义的任务。在1947年有关庞德的文集中，瑟瑞对此作了一个十分重要的归纳。[19] 其中，庞德以前的一个同事托马斯·科恩提供了一个简洁的性格描述：

> 所有实用主义哲学的要点在于：达到最终的真实是关键。但是，同样关键的问题是，不能知道我们的努力是否使我们接近或远离了真实。换言之，我们的任务是以这样的方式界定真实，即虽然我们不能达到它，但我必须接近它。真实成为一个不可能达到但可以无限接近的理想。科学哲学就是制定出这种理想

---

〔17〕 庞德：《衡平法的衰落》，载《哥伦比亚法学评论》1950年第5期，第20页。如同他的许多著述一样，庞德早对此发表过演讲。《衡平法的衰落》一文的内容曾在内布拉斯加州律师协会第三次年会上提出。正因为这次会议，庞德获全美律师协会主席的邀请次年到圣保罗演讲，这反过来又导致西北大学的维格摩尔（Wigmore）聘请庞德到西北大学任法律教授。

〔18〕 Albert Kocourk, “Roscoe Pound as a Former Colleague Knew Him”, in Paul Sayre, ed., *Interpretations of Modern Legal Philosophies: Essays in Honor of Roscoe Pound* (New York: Oxford University Press, 1947), 419.

〔19〕 Paul Sayre, “Introduction”, in Sayre, *Interpretations of Modern Legal Philosophies*, 3 – 13.

> 的条件，以一种卓有成效的方法论形式表现出来。我们认可实用主义基本的信条。概念和法律都不是永恒的。在追求真实的过程中，它们就成为事实或论据。没有一种事实是终结性的。它的意义被法律和概念所吸收。科学没有一个恒定的起点。理性的直觉和经验的材料都不是不能改变的知识的出发点。任何直觉，无论是理性的还是感官的，都可以成为一个起点。这就是实用观点的扩张的力量。[20]

戴维·维格多是庞德的第二个传记作者，在 1974 年庞德去世十年后，更多地对庞德的法理学持批评态度：

> 在一个进取的时代，作为一个最有创见的美国法学家，庞德赢得了声誉。他的生物主义、传统主义和专业主义使其对普通法改造散发出迷人的魅力，但也限制了他才智的范围。他的创造力受内在的矛盾所阻碍，全用于学说的独创性。在他的思想中，分离工具性的和结构性的因素孤立地发展，在他的法理学中创造了一个没有确定的二元论，并且使他无法如愿发展出一个宏大的体系。[21]

维格多对于庞德的评价没有充分考虑实用主义和庞德个人才智及其广博的融合，正是这点使庞德对普通法的学术成就

---

〔20〕 Thomas A. Cowan，“Legal Pragmatism and Beyond”，in Sayre，*Interpretations of Modern Legal Philosophies*，14，130.

〔21〕 Wigdor，Roscoe Pound，x.

如此趣味横生。[22] 庞德的时代给予他特别的才智领域。“霍姆斯提到庞德说,‘这家伙所知道的许多事情让我显得愚蠢’。波罗克说,‘看来他读过以英文、法文和德文出版的有关法哲学著作以及数量惊人的已汇编的判例’。”霍姆斯曾为其写过介绍信的波罗克说到庞德时称其为“学术上惊人的”,“博学和天才的庞德”。[23]

波罗克提到的“天才”庞德在庞德早期著作的论述和见解中可以找到。读庞德早期主要著作可以发现几个分析的背景。在论文中,案例分析先于理论比较研究。观察了衡平法和程序法中的理论变迁之后,在1905年名为“衡平法的衰落”的文章中,庞德通过对判例法的细致分析,尝试对其系列文章进行概括。这种方法使教科书作者的归纳丧失意义,庞德得出结论,教科书作者讲述的例外太宽泛,忽视了一般性规则。[24]

在1905年的文章中,经历了执业律师、法官和法学院长的庞德形成坚定的信念:“法律是为司法审判所承认和执行的一般规则。但是,法律是建立在抽象思维和忽视在事态中各种次要因素的基础上的一般规则,这一事实使它们在实施中变得机械。机械主义受制于性质上的束缚呆板行事,而不能根据具体情况需要作出变通。”[25] 这里,庞德引入了他经常用到的一个主要分析模型。庞德的生物学者的科学观让他看到既有种种特别

〔22〕 在回顾其早期著作时,庞德曾告诉瑟瑞:“使我暂停下来的是我所写过的一些东西需要修改和重写,另一些至少在很大程度上则是我乐于使用于我仍然希望完成的法理学著作……”Letter from Pound to Sayre(Dec. 11,1943)(on file with the University of Iowa archives).

〔23〕 See Kocourek,“Roscoe Pound”,419 – 420(quoting letter Holmes to Pollock [Mar. 10,1923] in Howe,Holmes-Pollock Letters,115).

〔24〕 Pound,“Decadence”,28.

〔25〕 Ibid.,20.

机械功能又各有局限的各种形式的植物有机体。通过分析,庞德发现了一个受到诸多限制的机械主义的法律规则模型。

"抽象的一般规则"为"内在属性所限",存在于固定点,具有有限的适用与限制。这个概念实际导致一个第二层次的理论,庞德称为"具体情况的要求"。互为对手的个人之间存在的一些特殊问题通过法律手段得不到调和。这些法律手段经过数十年为学理的思想所吸收。庞德所说的"衰落"指的是法律专业人士在衡平法中用古典谚语替代严格的思想来解决个人法律冲突。庞德肯定会高兴地以其个人陈述对此得出结论:"一旦法律制度演化成为纯粹的外部形式,就有僵化的倾向,无法自在地适用于人类生活所要求的实际状况……不过,我们正在面对现实和最近的未来……正如孟德斯鸠当年所指出的那样,商业和工业的发展不容置疑。商业社会要求规则。没有人会信任肆意妄为的集权去大量投资。"〔26〕

1905年是庞德的好年头。《哥伦比亚法学评论》采用了他的两篇文章。在第二篇文章中,庞德向法律界提出问题:"我们需要法哲学吗?"〔27〕这篇文章提出了庞德思想中第二个重要构想,较之《普通法的精神》一书早了16年。庞德数十年来的工作见证了这些思想的萌芽和发展。在1905年庞德宣称:

> 今天,第一次,普通法发现自己与人民为敌;第一次,人们所了解的它没有捍卫他们最珍视的东西,反倒主要是一个继续横亘于他们与他们的愿望之间的

〔26〕 Ibid.,24.

〔27〕 Roscoe Pound,"Do We Need a Philosophy of Law?",*Columbia Law Review* 5 (1905):339.

> 障碍。不可否认,越来越多的人对我们的法律制度倍感失望。对我们传统制度再多的崇敬也不应让我们对显而易见的事实熟视无睹。事实上,法律过分关注个人,过分关注我们法律与政治历史为个体的人铸就巩固的地位,同时,对现实世界中与个人相冲突的社会的需要关注太少。[28]

庞德在分析和说理中讨论了有关劳动报酬与劳动时间的法律,援引了9个判例。它们代表着8小时工作法所赋予的权利被判决为违宪的那些案件。[29] 庞德的分析比联邦最高法院在穆勒诉俄勒冈州一案[30]中提出著名的"布兰代斯诉讼要点"*要早三年。

在美国日益壮大的工业化社会里,庞德反对运用合宪性的个人权利去破坏劳动权利的稳定。20世纪之初,可以断定个人权利的概念与21世纪的读者之所知相去甚远。回顾了九个有关劳动争议的法院判决之后,庞德解释说:"我不是批评这些判决。因为法律规定如此,我不怀疑其判决的正确性。但是,这些判决借以说明,按其意愿缔结合同的权利是在损害社会权利的情况下,受到我们法律制度的支持以阻挠劳动人口与就业压力。"对政府监督合同的宪法性限制也不能使庞德欣然

---

〔28〕 Ibid.,344.

〔29〕 Iochner v. New York,198 U.S.45(1905).

〔30〕 Muller v. Oregon,208U.S. 412(1908).

* Brandeis Brief,指美国法学家布兰代斯·路易斯·登比兹(Brandeis Louis Dembitz)在当律师时,1908年在Muller v. Oregon一案中为俄州妇女10小时工作规定作辩护写的辩护状中,支持俄勒冈州限制妇女每日工作时间的一项法规的合宪性,110页的辩护中提供大量证据说明妇女过度劳动对健康、安全、道德和福利的有害影响。参见《英汉法律词典》第三版。——译者注

赞同:“个人的这一权利和这种对个人权利的增大正是普通法的学说。这意味着社会和普通法之间正进行着一场斗争;高踞于违宪立法之上的司法权站在了普通法理论一边。”[31] 为支持这一观点,庞德特别强调几个鲜明论点:

1. “今天孤立的个人不再居于世界的中心。”

2. “现在我们看到他是一个抽象物,并且从未具有一个具体的存在状态。”

3. “今天,我们期盼经由社会而存在的自由。我们不再认为社会完全是为了个人的缘故而存在。”

4. “然而,普通法却仅仅与个人权利有关,而与社会正义无关。”[32]

庞德得出结论:“维护个人权利的普通法正在与被国家权力(police power)所代表的公众特权相争斗,一如它与从亨利七世到詹姆斯二世以来的王室特权相斗争一样。”[33]

在第二篇文章中,庞德回顾了英国法,用历史上的争论引证了普通法的坚忍顽强。他随后得出结论:经济地位完全不同的个人之间经济权利方面的紧张关系能够在普通法的司法理性和合乎宪法的国家权力之内得以调和。在庞德看来,这种紧张关系“正对我们法律制度所表现出的对个人的强烈关注提供矫正……事实上,我们的宪法的自由化进步已经引人注目,一个

---

[31] Pound,“Do We Need a Philosophy of Law?”,345.

[32] Ibid. ,346.

[33] Ibid. ,349.

缓慢但确定的正面变化显然正在向前发展”。[34] 在20世纪之初庞德在他所在的领域里观察到的“自由化进步”必须予以适中的理解：因为“残留的权力没有完善的界定，普通法对所有未被确定的权力都心怀戒备”。[35] 从这些宪法的和普通法的发展中，庞德在1905年就提出了20世纪的重大问题：“我们如何引导我们的法律在个人主义与社会主义之间保持一个更好的平衡？”这是他在日后写作中经常触及的问题。在这篇文章中，他首先回答说，“在我看来，补救之道要依靠我们的法学院了，要以我们时代的社会、政治和法律哲学培养新一代法律人”。[36]

1906年，庞德发表了与你将要读到的论文集同名的一篇短文，《普通法的精神》。[37] 这篇文章极为重要，应当结合1921年以来的系列演讲全面详细阅读。在1906年，庞德得出结论说，“在我们普通法的历史上，最为显著的特征就是恪守原则的坚忍顽强”。“普通法不仅作为一个制度成功地抵制以其他法律取代它的所有企图，在我们制度构成要素中外来法律和更灵活的方法业已存在或出现的地方，因为普通法的基本理论相冲突导致诉讼引发争议，甚至任何专横的决定业已获得了相当的支持之际，普通法最终还是赢得了胜利。”[38] 庞德补充说，“与普通法历史紧密相连的一个成就在于它的理论（特别是有关个人权利的理论）被载入我们联邦和州的宪法，在第十四条修正案中达到最高点。因此，它基本的、独特的原则不为

---

〔34〕 Ibid.,351.

〔35〕 Ibid.(quoting Loan Association v. Topeka,87U. S.[20 Wall.] 655[1874]).

〔36〕 Ibid.,352.

〔37〕 Green Bag 18(1906):17.

〔38〕 Ibid.,17.

一般国家行为所能触动，在多数情况下，它只能为联邦宪法本身的修正案所改动”。[39] 庞德努力捕捉普通法的关键特征。

有三个特征使普通法区别于其他法律制度：

1. 法律至上；
2. 判例和先例；
3. 辩论式诉讼程序。

这些特征在其历史起源时已被确立和巩固：

法律至上——所有问题都可经由个人之间有序的诉讼过程加以审判，没有任何人和任何行为超越法律。这个学说来自国家行为受制于法律这一日耳曼法原则。

我们的先例学说几乎同样古老。第一批先例是令状，格兰维尔（Glanvill）的书收集了它们。布莱克顿（Bracton）依赖于判决案卷（judgment rolls），他的注解（Note Book）如同判例报道（report）。辩论式程序为日耳曼式，并且，在1066年威廉征服英国之前就已经成为英国法的特征。

这三个学说变成了一个基本的信条解决他们自己的问题，即法律为个人而存在，因此将每一个问题都视为个人之间的争诉，依据其个别的事实作出判决，不以专断的方式，而是作为案件为他人裁决，并且

[39] Ibid.，18.

将允许当事人尽可能地以各自的方式,为自己的利益在争诉中一决高低。[40]

因此,现在的问题是,引导我们的法律在个人主义与集体主义之间找到更好的平衡。现有的极端个人主义必须加以调和,以跟上时代的脉搏……我们必须回到国家作为监护人拥有实施正义这一剩余权力的时代。这一重获新生的权力,本为我们法律制度所固有,必须予以行使。个人主义者所信奉的17世纪的信条虽已形成了短暂阶段,但为了坚持普通法的基本原理,我们必须停止误解那些信条。[41]

作为内布拉斯加州刚成立的法学院院长,庞德扩大了他的讲坛。给内布拉斯加州法律协会的一次讲演使他获得了出席在明尼苏达州圣·保罗举行的1906年全美律师协会演说的邀请。[42] 约翰·维格摩尔[43]对这一夏天的夜晚里发表的演讲有很好的描述:

大约370个会员(1905年全美律协拥有54,000个成员)都登记参加了这一会议。其中的绝大多数人(带着夫人)都来到了州议会大厦宽敞的礼堂。

演讲的题目为"对美国司法普遍感到失望的原

〔40〕 Ibid. ,22.

〔41〕 Ibid. ,24.

〔42〕 See Roscoe Pound, "The Causes of Popular Dissatisfaction with the Administration of Justice," in ABA Report 29(1906):395 - 417.

〔43〕 维格摩尔当时已是西北大学法学院院长。

因”。演讲者是一个三十出头的年轻律师，一颗内布拉斯加的当地明星，被带到国家的讲坛，原因简单，因为全美律师协会主席曾听到他在内布拉斯加州律协会议上的一次讲演。讲演者以承认对司法的失望如同法律一样古老为开始，并从历史上引用例证。但他继而断言今天我们的国家“对美国司法制度有更多的不满”。接着将其问题限于民事司法（这让因循守旧者震惊不已，当然这是因为这正是他们执业的领域）之后，他接着又对这些原因进行评析。这里就第一次出现了有记载实例的哲学方法，因为他将这些原因归纳在4个大小不一、长期稳定或有所变化的标题之下：

（1）对任一法律制度不满的原因；

（2）英美法律制度特征方面的原因；

（3）我们美国司法组织和程序方面的原因；

（4）我们司法审判环境方面的原因。

至此演讲表明了其主题，对那些特别的缺陷提出指控。虽然所有用词都是平静的描述，但其大胆的攻击很快让保守的听众在沉默中惊愕不已，反感情绪油然而生。

“我们法院的制度已经过时”，“我们的程序落后于时代”，“我们的司法资源被浪费了”，“程序的最大缺点在于新类型审判泛滥”，“法院的时间被法律的繁文缛节所累”，“我们的立法是拙劣的”，“法院介入政治几乎彻底毁掉了对法官的传统尊重！”[44]

---

〔44〕 John H. Wigmore, “Roscoe Pound’s St. Paul Address of 1906: The prk That Kindled the White Flame of Progress,” *Journal of American Judicature Society* 20(1937): 176.

从愤慨不已到饶有兴趣,各种反应的听众都有。面对许多批评和蔑视者,庞德恰当地找到了平衡。多年来,1906 年的演讲被视为一个里程碑,同时也是一个转折点,一个在多少法律工作者了解他们自己方面的一个转折点。演讲发表 30 年后,维格摩尔写道:

> 每当我们讨论我们民事司法行政改革进展中的任何问题,每当听到对法律行业的过于从容不迫而急躁不安之时,应当记住这一切始于在圣·保罗的那一次演讲。它创造了历史。当时的法律界沉浸于普遍自鸣得意的麻木之中。有意识的进取和团体的努力还停留在温度计的冰点。过去 30 年来,温度已经升高。[45]

1906 年演讲之后,庞德的学术生涯迅速发展。被庞德那次演讲所征服的西北大学的院长维格摩尔一年后邀请庞德进入西北大学该学院任教。1909 年,庞德来到芝加哥大学讲授法律,其间不断发表文章,1907 年发表了《执行正义》(*Executive Justice*)一文。[46] 庞德寄希望于 1906 年演讲中明确表达的主题,即与对普通法的法律至高无上学说的公众反应

---

〔45〕 Ibid. ,178. “三十年前的八月迸出的火花,厚积薄发,白色的火焰现在已经蔓延到整个法律界,使坚定的改革司法管理的精神熊熊燃烧。在这火花迸发之前,法律界是一个骄傲自满、故步自封的律师团体——对我们司法制度的缺陷麻木不仁,对即将来临的时代紧迫的要求没有思想准备,对潜在的机遇全无认识,对团体的责任和命运缺乏意识”,176。

〔46〕 Roscoe Pound,“Executive Justice”,*American Law Register* 46(1907):137. This Journal became the University of Pennsylvania Law Review.

相反,通过普通法的责任和司法审查而制约行政机构,因而导致创设了简便易行并具有充分权力、不受司法审查的执行委员会。在这篇论文中,庞德教授明确提出了司法行政的无能:什么是司法行政的无能?庞德告诉我们说,"执行正义的复兴正在继续,并且远未达到目的"。〔47〕 庞德提到的弊病正是在全美律师协会年报中所见的。"在全美律师协会最近 10 个报告中的每一报告里,都可以看到在最近的立法复审中明确提到的 15 个到 20 个制定法,它们授予了执行委员会广泛权力,处理公民自由和财产问题,或只依据符合外行所理解公平对待观念的听证,简易实施这些制定法规。"〔48〕

在试图解释这一研究时,庞德宣称:"或许法院默许的开始正背离普通法对专横行政行为的限制,而与选举法官制度的普遍采用相吻合。可以断定,在司法部门和立法机关控制和影响的情况之下,选举上任的法官们的屈从已成定局。"在庞德看来,司法的角色已从根本上被削弱。对此,他说道:"在如何以及何时作出判决以及阐述判决理由方面,我们的上诉法院已经按照立法规定行事了。更有甚者,为了不受约束的法庭辩论,多数州的初审法官甚至已经丧失了指示陪审团的正当权力,他们被简化成单纯的仲裁人。为了任意在法庭上的示威,而听不进任何反对声音。"〔49〕庞德没有看到从法院到行政委员会的转移是因为生活的复杂性和劳动分工所引起的。相反,"在这种执行正义的复兴之中,我们看到的是法律史中循环出现一种不需要法律的正义回归,并且在一个法律制度未能完成其时代使

---

〔47〕 Ibid. ,139.

〔48〕 Ibid.

〔49〕 Ibid. ,140.

命时、用来给此制度充分注入现行的道德以维持其生命力”。[50]

庞德认为,“执行正义是一种邪恶。它过去总是而且必将是拙劣的,如同官员的性格一样多变”。在庞德的历史评价中,执行正义起源于罗马和英格兰的衡平法院。衡平法院根据公平对待和同情弱者的一般观念而无须规则行事。法律没有实现其目的,并且未能调整人们之间的相互关系而与社会的道德观念保持一致。[51] 庞德将这一问题分析为一种时尚意识。“简便易行的行政行为成为风尚。对公众意志十分敏感的选出的法官,轻率地放弃其特权,于是权力回到了政府。”因此,庞德得出结论说:“如果我们要维护普通法的法律至上原则,法律界和法院必须果断无畏地正视今天的问题——如何执行法律来满足现实世界的需要”(着重号为原文所加)。[52]

1907 年,庞德写完了第二篇论文,《虚拟的解释》。[53] 这一论文揭示了庞德的法律分析思想。它在 1907 年正是我们今天所称的法定解释。该论文至今仍有价值,因为它展示出庞德在探究人类道德理性的法律分析。庞德借用奥斯丁有关解释的论文,[54] 认为解释有两个层面。“前一种解释方法要设身处地地站在立法者的立场,试图直接发现立法者的意图并竭力聚财以弥补损害,同时他寻求弥补损害所需要的补救、在争议中他关注特别的争议点。”作为替代,“如果前者不能完全明了,

---

〔50〕 Ibid. ,144 – 45.

〔51〕 Ibid. ,145.

〔52〕 Ibid. ,146.

〔53〕 Roscoe Pound,“Spurious Interpretations”,*Columbia Law Review* 7(1907):379.

〔54〕 See John Austin,“Essays on Interprtation and Analogy”,in Robert Compbell,ed. , *Austin' s Jurisprudence*, 5th ed. (London:J. Murray,1885). 989.

就得间接寻找立法者意图”。庞德在此提到“规则的理性和精神,或者几种可能的解释的内在属性”(着重号为作序者所加)[55]这种虚拟的解释再次将个人因素引入司法审判之中。法律全部的目的是除去这一因素。无论是一般的专断审判行为和可能是一时的按原始衡平法裁决,都最不利于公众利益,最后,只能导致对法律的藐视甚至仇视。[56] 于是,庞德下结论认为,“司法制度并不能避免过于刚性的宪法、草率写就的制定法以及立法对于纯粹法律问题的冷漠所带来的危害后果同时也不能获得一劳永逸的补救。当司法部门的错误正使人相信一个执行正义的时代到来,普遍的错误和立法机关制定法的错误正迫使回到一个司法立法时代”。[57]

---

[55] Pound,“Spurious Interpretations”,381.

[56] Ibid. ,385.

[57] Ibid. ,386. 这些话获得了谢尔顿 · 埃莫斯(Sheldon Amos)教授的共鸣:“政府是所有机构中最不知足、因为屈从于习惯而最难驾驭,只要它的活动和形式受传统的习俗所制约,这些形式的效力和完善就会持续不断地受到最彻底和公开的检验。”Sheldon Amos,*Science of Law*(London:H. S. King,1877),50。埃莫斯也争辩道:为了特定目的、实际的意图以及一个被指称的习俗的真实意义和范围而被经常坚决要求作出的这些决定就是确立主要机制:将紊乱和不确定的习俗转变为固定规则,同时,只要政府充分发展就可使它们成为法律……如果社会进步,法律必须扩展并变成一个人民的道德观和经验习惯的越来越准确的表现。

这一扩展只能以两个途径得以实现——直接立法的途径,由最高政治机构所推动;间接的立法途径,由被要求实施法律的法官推动。作为主要的和明显是最顺理成章的修改法律的方法,前一种直接立法的途径的意义和方法今天已得到充分理解。但是,在每一个文明国家里,尽管多种不同方法被有意无意地使用,大量的法律经由实施法律而得到发展。

立法者一定需要使一部法律的一般趋势和后果较之偶尔的使用而言放在更为重要的地位。总的来看,如果法律似乎可能有助于保持善胜过恶的平衡,那么这部法律就是好法律、应当保留或采用。

另一方面,法官要实施数量巨大的法律,其中一些极少适用。对于法官较少思考的一部法律的一般后果而言,他更关注他所面临的特殊情形下这部法律的具体适用。法官能够具体审查的一部法律的具体适用,而立法者无法与之匹敌,因为其对个人历史的具体情形和人生的意外事件有一定距离。

1907 年庞德还发表了名为《对社会法理学的呼唤》的论文。[58] 它揭示了庞德主张将学术研究和明晰的思想引入立法过程。在他看来,立法已变得“机械”。在工业革命的鼎盛时期,庞德认为人们如同机器般思考。工业巨头要求并接受法律和政府的保护,比如,使他们成为拟制的个人,并为所有的公民所主张的利益而使用这种形式的法律拟制。[59] 庞德对此反应极其敏锐,“必须承认,这片土地的法律本来应当、但并没有真正掌握于美国人民之手。相反,不断增长的趋势却是坚持个人标准并适用它们,而毫不顾及应当在法律中被表现出来的集体标准”。庞德认为,这一结论的真实性建立在全国判例汇编体系中的 90 个案件的研究基础之上。这些案件涉及因为人身损害而针对雇主提起的诉讼。庞德指出:“众所周知,雇主和大型工业企业应当承担伴随着人们对其经营而产生劳累费用的是一种淳朴、模糊的感觉,它导致的裁决比法院负责制定的法律还要多。”[60] 对于劳工领袖萨缪尔 · 古佩尔斯(Samuel Gompers)发誓“他将拒绝服从剥夺其权利的所有禁令”,庞德抱有同情并评论道:“毫无疑问,转型时期缺乏一个固定的社会正义标准,因此,大多个人自我主张、反对法律是正当的。但是,这在很大幅度上要归因于对法律的漠视,归因于一种普遍的感觉,即除非个人如此自我主张,他和与他有共同利益的人

---

〔58〕 Roscoe Pound, “The Need of a Sociological Jurisprudence”, Green Bag 19 (1907):607.

〔59〕 参见 Amos 的《法律科学》55:“当或多或少的可察觉的变化被引入法律的实体时,通过法律拟制的实践,古老的象征和仪式而推迟了想象威望的到来,现在这个法律拟制已被完全理解,并受到充分肯定。有时,一个政策被提交给立法机关时,立法机关将会或者已给予否决,但是,通过拟制,立法机关本身被哄或者被骗而对此政策予以默许。”

〔60〕 Pound, “Spurious Interpretations”, 607.

都不会得到应有的公正对待。"[61]

在庞德看来,1907 年的法学教育也隐约呈现出一个关键问题:"只要目的在于培训为律师协会赚钱的专业人员,只要衡量法学院的主要成就是提供这样的培训,我们就不能更有其他奢望……他们不应当讲授传统法律的伪科学。"[62] 1916 年,庞德已成为哈佛大学法学院院长,人们怀疑有多少哈佛教员读过庞德 1907 年的评论:"在纯粹的法律世界了结一生的法律僧侣,他们在此被摒弃了凡俗人性的每一要素,没有能力制定适用于一个永无止境、有血有肉的世界的实际原则。"[63] 这一呼吁在文中回荡:"因此,美国法学院的教师职责在于调查法律的和普通法的以及其讲授的任何专题的社会学基础,同时,传授由法院所决定的实际的法律,给其教学添光加彩,以使新一代法律人肩负起引领人民的职责,而不是在工程师、博物学家和经济学家面前放弃其在立法与政治事务中合法的权威。"[64]

1910 年,哈佛法学院任命庞德为斯托里教授(Story Professorship)一职。1911 年,庞德在《哈佛法律评论》上发表"社会法理学的范围和目的"。[65] 他再次敦促使用政治、经济和其他社会科学来分析法律。新的社会科学知识应当帮助法院调整我们的普通法传统,以适应当代的社会环境。庞德的实证主义也导致其进一步强调在制定法与普通法之间必须保持平衡。

---

〔61〕 Ibid. ,607 – 608.

〔62〕 Ibid. ,611.

〔63〕 Ibid. ,612.

〔64〕 Ibid.

〔65〕 Roscoe Pound, "The Scope and Purpose of Sociological Jurisprudence", *Harvard Law Review* 24(1911):591.

> 经验充分证明,司法审判中的规则和命令是通过其可能衡量各种关系和具体情况而很好地被执行了,就推理而言,它们已是争辩的议题。一定程度上,全社会对于个人之间相互关系的愿望可以提前探知和表明……对大量的诉讼事由,可以要求和允许治安法官以其培训过的推理和文明、正义的惩戒意识对他们施加影响,借此可以达到统一性和确定性的理想境界。[66]

在1912年发表在《耶鲁法律杂志》上,名为《法律理论》的文章中,庞德再次回到一个主题:他视为传统因素的普通法和他认为可以制定的,并具有强制性因素的立法性规则之间是紧密相连的。庞德多次解释说,由于司法经验将普通法发展为明确的法律原则,这些原则融合成为成文法规则,随着时光流逝这些原则被法律制度所吸收,他们自己也被普通法所解释和发展,填补了成文法的空隙,并进一步发展了成文法的原则。[67] 1913年,庞德在《现代城市中的司法行政》一文中指出,普通法或者法律的传统因素正在明显地经历转变:"我们法律的传统因素正逐渐地被当代的经济学和社会科学所吸收和改造。"[68]

在《现代城市中的司法行政》一文中,庞德再次论及"委员会、管理机构、监督员的不断出现……以满足我们大型的城市社区的需要"。庞德承认,现代都市多元化的社区给普通法带

〔66〕 Ibid. ,597.

〔67〕 Roscoe Pound,"Theories of Law," *Yale Law Journal* 22(1912):114,143.

〔68〕 Roscoe Pound,"The Administration of Justice in the Modern City," *Harvard Law Review* 26(1913):302,324.

来了麻烦。普通法的体制假定“人口组成单一，珍惜权利，主张有法必依、有令必行，自觉配合法律与政府机关的要求”。[69] 因为现代都市的这些需要，正义要求一个“对我们城市的社会环境有更加全面的了解，法律为此必须有针对性地重新制定并能适用。我们必须针对社会问题教授并研究法律和法律能够借以发展的理论”。[70]

从1916年起，庞德担任哈佛法学院院长持续20年。他连续进行演讲并使其出版，同时还整理其早期著作中的一些论题。1912年，当他51岁时，首次出版了在达特茅斯学院的演讲集——《普通法的精神》。

这本书既是对普通法的庆贺，更是对普通法的法官和律师的警告：应当重新回到并完全接受赋予普通法内在属性和生命力的实用主义和司法经验主义。庞德写道：普通法的两个基本原理是遵循先例和法律至上。

> 先例原则意味着诉讼事由将根据以往司法经验归纳的原则决定，而不是依据主权者恣意制定的法规演绎。换言之，是理性而不是专断的意志，构成判决的最终基础。法律至上学说也可归结于同样的思想。这一学说是主权者（无论是国王、立法机关或者是被选举者）及其所有下属机构都必须依据原则而不是专断的意志行事：有义务遵循理性而不是兴之所至肆意妄为……这一普通法学说是适用于经验的一种理性，

〔69〕 Ibid.，309.

〔70〕 Ibid.，327.

> 它假设经验是提供行为准则和判决的原则的最令人满意的基础。它坚持法律不是由主权者任意的命令所擅自决定,而是由适用规则和原则的司法及法学经验所发现的,这些经验已经在过去实现或未能实现正义……在法官们和律师界对判例的批评中,我们必须确认:我们的保证,即他们要受到理性指导,而且个别法官在个人观察上的误差受到抑制。[71]

庞德总结说,先例学说把确定性和其他方法所实现不能使法律发展的潜力结合起来。"确定性在合理的范围内得到保障,法院可以依赖规则和学说的类推而进步……并且可以根据已知的技巧就其面对的事由得出规则。发展也得到了保障,因为原则的界限并不是一旦权威性固定就一成不变,而是在案件发生时经由包括或排除的过程所逐渐发现的,这一过程说明实践的作用,并且证明在实际运作中做到正义还差多远。"[72]

庞德论证说,普通法传统中有两个最根本的历史特征:

第一,普通法法院确立了英国人民在法院享有、法院并予以保障的基本的普通法权利,即使因此对国王不利。通过自然的变迁,普通法对国王权利的制约演变为对所有权力的制约。[73] 由于普通法给予个人自然权利的影响以抗拒其他个人,特别是国家的自然权利,它以极端的个人主义为特征,无比珍惜个人自由、尊重个人财产。它注重个人权利而并不关心普

[71] Roscoe Pound, *The Spirit of the Common Law* (New Brunswich, NJ: Transaction Publishers, 1998; Boston: Beacon Press, 1921), 182 – 83.

[72] Ibid., 182.

[73] Ibid., 89 – 90.

遍社会福利。它把最高的社会影响看作单纯的两方当事人之间的争端。它对个人的尊重导致其程序过于对抗。它是如此热衷于确保个人的公平对待而无意为公众提供公平对待的保证。

第二,普通法也被另一方向的因素构成了特点。它将人视为团体、阶层或亲属关系,以建立协调一致的准则。比如地主与佃户,本人与代理人,出押人与受押人。[74]

在美国,普通法在世纪之交饱受公众责难。在一个迅速走向更加多元化、复杂化、城市化和工业化的社会里,它的法律至上学说和随之而来的对违宪立法的司法审查权力过度保护了个人的自由和财产权利。[75] 城市的公众要求更多地承认人民的权利,而不仅仅是个人的权利。老一辈法官和律师相信,普通法原则绝对而且永恒,却忘记了其实用主义和司法经验主义的根本。[76] 这使得普通法与公众的愿望之间的矛盾紧张。

庞德担心,公众对普通法法院严格的判决将迫使社会通过管理机构和有着未加严格界定权利的委员会,无限制的裁量权,不够充分的司法制约而迅速趋向司法行政体制失去信心。[77] 庞德相信,缺乏法律至上的原则,这种以行政裁判所形式来实现正义乃是一种倒退,“在行政裁判所,个人与个人之间、个人与国家之间的关系是行政官员依据当时普遍的利益和善意的要求简单调整而不受许多规则的约束”。[78]

---

〔74〕 See ibid. ,13,64,101,and 111.

〔75〕 See ibid. ,xii,6 – 7.

〔76〕 Ibid. ,98 – 99.

〔77〕 Ibid. ,xii. 6 – 7.

〔78〕 Ibid. ,73.

庞德呼吁,在世纪之交,能够满足社会需要的法律不可能出自19世纪的普通法极端个人主义的原料。他敦促普通法律师和法院要记住普通法之根是实用主义、司法经验主义、创造性地解决问题,要从社会科学中获得新的思想,因为新的前提和观念所采用的形式可能为法院所用,并通过有关实际事由的司法经验将其发展为一个现代制度。[79] "走出停滞不前的19世纪法律的路径是司法经验主义,再加上法学家和立法者提供的材料,这已成为共识"。[80]

20世纪的历史验证了庞德对政府第四部门*、管理机构发展而为现代管理型国家的预见性。20世纪末,从事制定规则和裁判工作的管理机构制定了合众国大多数重要的法律文件。当宪法这一规定政府部门之间、政府部门与人民之间关系框架的根本性文件未曾提及这些管理机构时,20世纪法理学的一个主要任务就是如何让未经选举的机构的管理者对人民承担责任。

庞德希望,普通法法院能够借助司法经验主义、融合法学家和立法者提供的素材,将法律至上原则重建于管理机构之上。法律至上原则要求主权者及其所有机构依照这些原则而不是听凭其专横的意志行事,并且有义务服从理性而不是兴之所至肆意妄为。1946年美国国会通过的《联邦行政程序法》对管理机构的立法和裁判权规定了司法审查,以决定其行为是否合法,而非专断、任意,或者滥用自由裁量权。在解释《联邦行政程序法》就司法审查程序所做的宽泛规定时,联邦法院已经

---

〔79〕 See ibid. ,189 – 90.

〔80〕 Ibid. ,181.

* 即行政机关。——译者注

创立了一个有关司法审查制度的内容丰富的普通法,特别是要求对行政行为的实质性行政机构的裁决及理由这一不容置疑的原则。法律至上原则再次获胜。

20 世纪的历史也验证了庞德对普通法已吸收社会科学和被社会科学改造的预言,实现了庞德的希望,即法律教授应该研究并讲授法律的,尤其是普通法的社会科学基础。

布兰代斯诉讼要点提出整合社会科学资料、专家意见和历史经验以支持一个法律意见书,现已成为常识。起源于自芝加哥大学的法律与法律分析的经济学学派已经对司法判决意见、立法和行政决策具有很大影响。成本—利益分析形式业已普遍。许多教授在法律和其他学科都已晋升学位(或等级),法学院课程和法学学术研究跨学科程度很深。庞德或许会疑虑法律的跨学科学习是否过度。庞德信奉实用主义,又立足于法律实务,当会赞同法官亨利·爱德华兹的批评:法学研究过于抽象化研究(或者与具体问题无关,或者将具体问题置于全部理论框架之内),对于从事实务的律师和法官而言,则远离了学术的实际运用。[81]

庞德及其研究对象、普通法都代表着开放的理性的制度。两者所依附的这一理性制度源自 18 世纪欧洲启蒙运动的一个坚定信念:如果听任不受束缚则发现有用的知识。这一制度之所以是开放的是因为它捍卫着个人的自由、开放的心智和理性的运用以促进人类的进步。

开放的理性制度被理解为人类智慧的多样性所创造的拥

---

〔81〕 See Harr T. Edwards,"The Growing Distinction Between Legal Education and the Legal Profession",*Michigan Law Review* 91(1992):34.

有无限可能性的社会社区。社会社区所赖以存在的关键在于承认人类思想的固有易犯错误性。一言以蔽之,基本事实是我们中的任何人以及我们所有人在任何时候都可能出错。知识总是一种尝试而且有待更正。所以明确的主张都是可修正的。在这个开放的理性制度中,如果无人可以免予错误,那就意味着:无论多么坚定的信念都有待审查以便可能的更正。无人能够声称不受他人检验。

埃德加·波登赫曼(Edgar Bodenhemer)和玛丽·安·格伦登(Mary Ann Glendon)两位教授认为,普通法的不断发展是一种与科学上的假设方法相似的辩论推理方法的模式。两者均为开放的理性制度的内在属性。

在格伦登的描述下,辩证的推理是:

> 留意可得的材料和经验,提出假设,在具体的情况下验证假设,估量相互竞争的假设,根据新的材料、经验和观察所得重复这一过程。但是与自然科学的方法不同,辩证推理开始于有所怀疑或争议这一前提,终结并非确定,而是作出判断:较强的证据和更富说服力的论证支持相互反对的那一方。[82]

当然辩论推理从未产生数学证明那样的满意程度。它只是一个过程,在此过程中实际的理由和常识会得到持续不断的、循环的合理反映和自我审视。[83] 错误永远不会被埋葬。

---

〔82〕 Mary Ann Glendon, *A Nation Under Lawyers* (New York: Farrar, Straus and Giroux, 1994), 238.

〔83〕 Ibid.

时光流逝,辩论推理的自我纠正程序不断对错误进行识别和更正。

普通法的推理是一个辩证推理模式。庞德认为,它的力量在于司法的经验主义将合理程序的确定性与变化发展的力量结合起来,即法律规则不是权威性地一旦固定就一成不变,而是逐渐通过司法实验和经验以及法官和律师对判例的批评而被发现和检验。[84]

庞德对普通法基本原则的信念不是视其为促进人类潜力的完善的法律文件,而是作为可以得到的最好的学说。他用以下一段话作为其著作《普通法的精神》一书的结束语:"法律至上原则坚决主张经由诉讼判决中的司法经验而发展的理性法律,拒绝维护脱离具体案件的权利,并拒绝将之完全托于抽象。所有这些原则在历经各种沧桑而延续至今。"[85] 至 20 世纪末,它延续并发挥着作用,一如其诞生之初。

在普通法法律推理之中,庞德探索的是人类的精神,人类潜力之关键。他追寻一个模式,借此个人可以从人类经验中获得人类生存的最文明时期。《普通法的精神》引领着后来的追寻者。此书以及写作此书的博学之士承载着开放的理性传统的精华。

纳尔·汉密尔顿

马赛厄斯·艾尔弗雷德·杰瑞恩

---

〔84〕 Pound, *The Spirit of the Common Law*, 181 – 183. 作为欧洲启蒙运动的捍卫者,庞德是美国大学教授学术自由和职位保障第一届委员会的 15 个委员之一。该委员会起草的 1915 年委员会原则宣言是界定美国学术自由要领的最为重要的文件。

〔85〕 Ibid. ,216.

1963年版序言

没有任何在世的人像庞德院长那样在法律思想上施加如此深刻的影响。他 93 岁时已是传奇人物,誉满全球。从 1896 年发表第一篇论文至今,他以透彻的洞察力著述颇丰。人们可以同意或不同意其中总要引起争议的论述——那并不重要,重要的是人们从中总有所获。在他的 1960 年著作和论文目录上,已出版的论著总数已上千。他对法学文献的卓越贡献,法学界无人可及。

《普通法的精神》是庞德院长最有名的著作之一。它包括 1921 年夏天他在达特茅斯学院所作的精彩演讲。这部创造性的著作,是社会法理学首倡者对这一学说精神实质的具体体现。

《普通法的精神》第一版发行时,在法律工作与普通读者中同样广为流传。今天仍然如此。它生动地向读者讲述法律,而不是为法律工作者提供枯燥的专业工具。它竭力让广大读者看到我们的法律制度的清晰图画。该书简洁、全面,但从学者的博学风度看,稍逊一筹。

我还清楚地记得,1926 年,在法学院上一年级的我初读此书的情形。作者阐述的新的法哲学吸引着我和我的同学们,使我们激动不已。他呼吁把社会理想注入法律传统之中;他坚持对公共福利的关注,如同注重个人利益一样,应在法律发展中占一席之地,而且,法律应随着新的社会情况而变化。

几乎两代美国法官和法律工作者对此作出了反应。在此书和庞德院长的其他著作的影响下,我们的法律已今非昔比。现在重读此书,"清教主义与法律"和"拓荒者与法律"两节给我的印象尤为深刻。它们深入地剖析了清教徒和拓荒者对我们今天法律制度的影响。二者都把坚持最大限度的个人自由和抵制专制政府深深地铸入我们的法律之中。

清教徒和拓荒者走向了极端。他们反对必需的立法变革和对法律及其程序的重要更新,但同时又给我们留下了尊重人格和个人权利的宝贵遗产。

近半个世纪前,庞德院长就在此书中正确预言了协调社会和个人利益的紧迫的必要性——这一进程依然为我们所孜孜以求。

《普通法的精神》一书因含有哲学和历史意义而始终为法官和法律工作者所珍视。更为重要的是庞德院长的乐观和信念:法律的权能在不丧失其基本价值的同时还能保持与时俱进,这样的信心是建立在一种当今不能与过去割裂的信念之上,更确切地说过去和现在构筑一个美好的未来。

阿瑟·J. 戈登堡

1963 年 5 月 1 日于美国联邦最高法院

1921 年版弁言

达特茅斯校友讲座基于以下认识而设立:学院理性生活的影响,不仅应波及在读学生,还至少在一定程度上波及他人。比如已毕业的学生,他们渴望与母校保持联系,有助于他们保持学识的拓宽;又如一些朋友,他们对学院乐意扶持的各种学术很感兴趣。

1916 年,我在就职演讲中提出了采取这种讲座形式的建议。当时我阐述如下:

我深信,学院对已毕业的学生的贡献应比现在更实在地继续下去。学生在所学专业之外求职的趋向,专业更加专业化的趋向从而使从业者不得不全力以赴,各个时代需求的不断增长,希望为世界尽一分力的人们不断被要求付出更紧张、更专注的努力,所以这些都要求学院承担起过去完全没有承担或承担得不够的责任。忙于事务的人与艺术、科学类学科之间联系的可能性越来越小了。毕业学生在学院被激起的兴趣和热情因缺乏营养而可能萎谢,甚至死亡。如果学院自信它的影响值得学生以人生形成阶段中关键的4年为代价来得到的话,学院也应为毕业后一些年的学生获取学院的这种影响找到某种方法。岂不顺理成章?越来越多的65岁至70岁的人离开了积极的工作,以聊以忘忧的日常事务之外别无乐趣,这样的人生悲剧并不罕见。这些似乎使学院服务于他们的晚年的机会多于他们年轻的时候。为此,学院可建立一种制度,在他们的一生中定期提供更新知识的机会。在授予学位典礼后短暂的时期里,请公认的某些世界思想界名流为校友和朋友们开设讲座,就是迈向这一目标的一步。或者此外还有别的方法,但可以明确的是,学院和毕业学生之间严谨的教授关系不应结束于学生就读4年终止之时。它绝不该结束,而应以各种方式更新。

为此而制定的计划的实施之所以成为可能,是由于达特茅斯学院的理事之一——1877级的亨利·林恩·穆尔先生热诚的支持和慷慨的资助承诺。他以此纪念方式,让他那1904级的、在大学时期去世的可爱的儿子——格恩齐·森特·穆尔永远地活在他的记忆之中。

讲座计划原准备早些完成,后因第一次世界大战而中断。因此,直到1921年夏天,罗斯科·庞德教授,杰出的博学的哈佛法学院院长,和著名建筑师、富有创意的思想家拉尔夫·亚当斯、克拉姆先生,终于作为本基金会的讲授人将此计划付诸实践。

当然,一开始,这些讲座就得到赏识,其影响之广泛通过出版就大大增强。每次讲座都有旁听者到场,更多的人感受到它对心智的激励。之所以十分高兴地提供庞德院长的讲座出版,是出于以下的考虑：一方面，听了讲座的人由此希望讲稿付印；另一方面，更多的未能听到的人，对演讲人和演讲主题怀有兴趣，更希望出版。总之，《普通法的精神》这部出自庞德之手的著作，将会激起人们更大的兴趣。

欧内斯特·马丁·霍普金斯

1921年版序言

1914年我在洛厄尔学院以同一主题开设讲座,根据《波士顿文本》上讨论报告的摘要发表在《绿袋丛书》(第26卷,第166页)上。第一次的讲稿也发表在《国际道德学刊》(第25卷,第1页)上。1910年,我在堪萨斯律师协会按第二次讲座的同一主题所作的演讲为该协会会刊(会刊,1910年,第45页)所用,并重登在《美国法律评论》(卷45,第811页)上。1914年在衣阿华州律师协会,我作的同一主题的第三次演讲刊登在该协会会刊(卷20,第96页)上。在马萨诸塞州的伍斯特县律师协会的同题演讲稿曾在其《内部流通》上刊登。同一主题的第五次演讲是1920年为北卡罗来纳律师协会而作,出版在协会同年的会刊上,后在西弗吉尼亚《法律季刊》(卷27,第1页)上重载。这些材料的使用均无限制,但它们都全部修订,大部分内容已作改写。

这些演讲大都出于20世纪20年代，它们表达了我的信念：一分耕耘，一分收获。我相信符合时代特征的明智行为可以改进司法。过去3年来，法律悲观主义的重新兴起仍未使我放弃这个观点。19世纪末，法律工作者认为，自觉改进的努力实属徒劳。现在他们多数人认为改进是危险的。同样，落后于时代进步思想精神的布莱克斯通认为，法律已臻完善，什么也不必再做。这种自我满足的态度为谨小慎微的法律悲观主义者埃尔登勋爵所追随，他害怕法律改革会破坏宪法。如果他不是反对所有的深层变革，而是乐意促进必要的变革的话，后来的立法改革运动可能已从保守的阵线前进了不少。按照法律的司法审判的真正危险在于胆怯抵制合理改革、顽固持续法律陈规。在今天复杂化、城市化、工业化的美国，这种抵制和坚持已不可能，这些情况迫使我们尽快通过各种委员会，以不明确的授权、未加限制的自由裁量权、不充分的司法控制来实现司法职能。虽然这并不符合我们法律与政治制度的精神。

数十年努力进取的信念不会如热衷于时髦的片刻思索一样转瞬即逝。有时，回顾这一进程，他们对这项事业的热情多于理性的认识。但谁能取消芝加哥市政法庭和正在兴起的、独具特征的现代城市法庭呢？谁能废除1900年后在律师协会的要求下产生的简易程序呢？谁能恢复19世纪末工业事故诉讼的环境，或使每一行政行为被法院强令禁止的情况重现？恢复1890年到1910年许多州法院法官的态度？那时，许多立足于不成熟的前提或偏离历史轨迹的成文法都被法官判定为初步违宪。

18世纪普通法诉讼程序在19世纪的美国已不可能适用。

当时有一位伟大的律师被邀请参加第一个民事诉讼法典起草委员会工作。如果他愿意为合理的司法改革奉献其专长和知识的话,我们大多数州的法律程序可能会与现今的大不相同,而且,努力改革的立法与拒绝步入新途径的司法之间的冲突本可避免。这条新途径以“诉讼法典”为标志而载入史册。另外,如果 19 世纪上半叶的法官有足够的预见行使其普通法的权力,如果他们能做一些多伊(Doe)大法官在新罕布什尔州所做的事,那么,1850 年遍及全国、把法院卷入政治、严重削弱我们法律中至关重要的司法独立的法官选举运动可能大大缓解,对边远乡镇的影响会小些,一些高一级法院会得以保留。当法律工作者拒绝作出明智的行为时,不懂法律的人不明智地适用专制立法就成为另一种选择。

罗斯科·庞德

1921 年 8 月 5 日于哈佛法学院

中文第一版译序

21 世纪是以网络为标志的信息时代。然而,在美国,作为社会制度之价值基础的普通法却以其传统的精神维系着美国社会的价值秩序。一个典型的案例是美国司法部诉微软公司反垄断案。普通法以其超然独立的品格未给比尔·盖茨这位网络时代的英雄任何的脸面。在中国,辉煌的立法成就有理由让我们的法学前辈感到骄傲,他们的努力成功地使我们学生时代读到的法学原理变成现实的法律条文。可是,如果要问作为中国社会制度之价值基础的当代法精神是什么,恐怕难有一个满意的答案。这不能责难我们的法学家们,毕竟在我们的司法部门各行其能的各项法律制度没有属于自己的本土历史。问题在于:缺乏神圣法律精神统筹的法律制度在多元化的社会中能走多远?中国法精神问题的极端重要性在最近社会上激烈争论的两个案件中浮出水面。其中一个发生在北京，是微软公司诉北京亚都集团知识产权纠纷案，另一个发生在香港，是劳富比拍卖行公开拍卖4件圆明园国宝事件。两个案件的共同点是民族情结或者爱国情结与制度正义的冲突。在前一个案件中，因“微软的商业霸权”威胁到了中国IT业的发展，IT业的代言人提出，即使亚都确有侵权，中国法官也应当为民族利益而授用著作权制度之外的情理支持亚都。在后一个事件中，有舆论坚决主张，为了那些被强盗夺去的国宝，让道貌岸然的西方市场经济下的拍卖规则见鬼去吧！激情下的冷思是，我们的国宝为什么被夺？为什么会有微软的“霸权”而非亚都的“霸权”？答案是在它们背后中国当时经济的弱势，在经济弱势的背后是中国历史上长时间封闭式简单循环的发展，在简单循环发展的背后是一种让社会开放式进化的制度正义的缺乏。缺乏一种可以既固定优秀传统又容纳反映时代进步的先进价值观念的法律精神。因此，当社会利益在某个局部或重大个案中出现紧张关系时，我们往往用某种朴素的道义或情结代替制度的维护。亚都之所以没有“霸权”，国家之所以被掠夺，最终根源于此。从这个意义上看，为亚都而声言，为国宝而义愤，就是要取个别正义而舍制度正义。如果我们的社会要开放式的良性发展，如果我们对社会正义的修正是采取改革式的进步而非革命式的回复，我们必须牺牲所有的个别正义来维护制度正义，我们必须修炼和维护一种代表社会主流意识的法律精神。但在今天，无视社会制度价值基础的声音，恰恰来自代表主流意识的时代精英们。可见中国法律精神的炼成还有多么漫长的道路要走。

《普通法的精神》一书是西方法社会学派的创始人庞德20世纪20年代的著述，他本人所倡导的法社会学的观点已不再是时代的新宠，然而，他对普通法精神的精辟阐释证明了这样一个基本的原理：一个时代的法律精神是这个时代一切社会制度的价值基础，任何法律制度一旦权威性地形成之后，人们必须以宗教式的虔诚去捍卫它，任何非正统形式的否定、修改、曲解法律的行为或动议都是对社会正义的直接危害。我们认为，这正是当代中国法律应当努力实现的目标。此外，在《普通法的精神》一书中，庞德渊博的学识、丰富的文采、精巧的思辨、简洁的语言，使我们得以欣赏到一代宗师的非凡手笔。由于译者水平所限，译文稍显粗糙。好在译者意在窥视普通法的精神，而非致力于考证之学。当然也欢迎指正一切错误，以助译者学习、修正。

译　者

2000 年 5 月

第一章 封建因素

现代世界,似乎没有别的制度像我们称为普通法的英美法律传统那样富有活力和坚忍顽强。尽管它主要是一种司法和法学思想的模式,一种解决法律问题的方法而非许多一成不变的具体规定,但它总是成功地按照自己的原则铸造出种种规定,不管那些规定的渊源如何;无论要推翻、取代那些原则的企图的来势多么汹涌,但它总是成功地捍卫着自己的原则。在美国,每年刊载于成文法书籍之中的大量制定法并没有使它消失,而是赋予它新的形式和内容。在与外国法的竞争中它毫不逊色。只有路易斯安那州与众不同地保留了法国法。得克萨斯州只有几处程序上的例外让我们想起另一种制度在这儿曾经盛行。在加州,只有夫妻共同财产制度尚可告诉我们,西班牙法一度在此司法管辖范围内得到公认。也只有历史学家们才知道巴黎的习惯法曾经统治密歇根和威斯康星两州。即使在路易斯安那州，不仅刑法全是英国的，普通法的法律至上、沿袭判例、公开庭审的基本制度也都列入了法国式的法典之中，并使其中很大部分规定名义上不是但实际上成为英美式的。许多迹象表明，普通法同样正在逐步契入魁北克的法国式法典。除了术语外，普通法在苏格兰几乎已战胜了早被接受的罗马法。在采用了普通法的律师制度之后的南非，尽管法官们以越来越多的理由使用罗马化的术语，但已形成的罗马—荷兰法也正慢慢地为普通法让路。菲律宾和波多黎各的许多迹象表明，以普通法方式实施罗马法典会产生一种术语为罗马、西班牙的，但实质却是英美法的制度。

或是我们的法律制度有天然的优越性，或是生活于其中的人民内心的自豪感，如同波德斯纳普先生对失去听觉的孩子般的法兰西人所说的那样，我们相信普通法的观念是自然的法律秩序的组成部分，不能理解为理性的人竟可容纳与之相反的法律观念。盎格鲁—撒克逊人拒绝任何别的法律统治，相反，却能使他人受制于己。普通法的力量来自它对具体争议的解决，而它的对手，现代罗马法的力量则在于抽象概念的逻辑发展。因此，一旦普通法法官直接或间接地实施法律，他们总习惯于以过去的司法经验适用于眼前的案件，而不会将案件置于抽象的体系、准确的逻辑框架中。因为这会使法律的竞争机制削弱，会导致对普通法缓慢而持续的伤害。

在竞争的传统中，普通法传统仅有一次遭受了失败。日本制定新法典时，德国法在与法国法、英国法的竞争中取得了决定性的胜利。不过这并非英国法与德国法之间的真正竞赛，而是法律原则体系之间的竞赛，亦非司法审判模式之争。就抽象体系的比较而言，普通法略逊一筹。但若考察单个纠纷的实际解决，普通法则总占上风。不仅如此，普通法的法律至上学说在美国的发展，即独特的以司法权审查违宪的立法的制度，正为必须执行成文的联邦宪法的人民所接受。在南美的共和国的判例汇编中，可以看到援引美国判例的做法推动着有关宪法问题的司法争论。在南非判例法汇编中，受罗马—荷兰法训练的荷兰法官组成的法庭援引着美国合宪性法律的基础——马伯里诉麦迪逊的判例——与当代法学专家一道来判决一项立法无效。澳大利亚的法官和律师，无视英国枢密院司法委员会的决定，正在捍卫澳大利亚法院对各州成文法的违宪审查权。枢密院也被迫宣布加拿大的一个省通过的没收财产的法规无效。甚至欧洲大陆有的公法学者也承认，合宪性原则未受司法独立的保护乃是一个严重错误。而且，如果说 18 世纪商法正在运费免收之际，通过影响颇广的欧洲大陆的商法专著，英美法系从大陆法系获益匪浅的话，那么，在 19 世纪我们已很好地作出了回报。就这一主题最新的趋势来看，在英国法院发展起来的商法已扮演着主角，以致欧洲大陆的法学家都毫不犹豫地承认英国法在相当程度上已为欧洲法律制度所接受。今天，在接受了罗马法的国家里，意义最为深远的运动乃是从拜占庭观念，即一些法官只能机械地适用封闭的法律规则体系的观念向法官通过对案件的判决进行立法的普通法的观念转变。因此，必须承认，英美法体系毫不逊色于其长期的对手，而是世界性法律。

富有活力和坚忍不拔并非我们法律传统中的新特征。在保持自身基本的内在一致性的同时，它还能接受、吸收在它之外发展起来的各种学说和规则。衡平法，在星室法庭的轻罪法律,商法、海事法、宗教法庭的遗嘱检验和离婚法,以及 19 世纪英美立法改革运动中出现的成文法等,都一如既往地被消失、融合。虽然我们常说它们其中某些改造了普通法,但同样可以肯定的是,普通法也改造了它们。总之,它们的异质缓慢地消失,并已融入了纯粹的普通法世系的学说和制度之中,而鲜有不同之处。

此外,普通法还骄傲地战胜了几次危机,别的制度似乎要取代它,但它与强有力的对手竞争并最终成为胜利者。12 世纪时,它与当时最强大的力量——教会争夺司法管辖权。16 世纪,罗马法横扫欧洲并取代各地特有的法律时,它巍然屹立。无论是梅特兰所称的"三 R"运动,即文艺复兴、基督教改革和(日耳曼法)等对罗马法的继受,还是都铎王朝专横无法的审判制度的回光返照,都不曾动摇我们法律传统的根基。17 世纪,它与英国王权抗争,建立了反对斯图亚特王朝国王们的法律至上学说。在独立战争后的美国,它战胜了反对一切英国事物的偏见和一度接受法国法的威胁,顶住了当时最强大的政治压力,使法律至上学说发展成为最基本的逻辑结论。不顾当时对法律工作者和对新的社区专业化、系统化的司法体系的敌意,它坚持了先例原则,并援引英国判例干预不受欢迎的实务。毫不夸张地说,普通法及其独树一帜的基本思想已顺利地渡过了那几次危机,不仅没有动摇,反而因此更加坚定。

从表面上看,普通法的胜利及其与罗马法一样的世界性法律的地位似乎是稳固的。然而,就在这胜利的时刻,新的危机显然降临。如果普通法在美国不是立足于司法实践,它肯定已经遭到全国的指责。我们可以看一看现在它有世界范围影响的三个最引人注目的例子——法律至上学说、商法和侵权法。

法律至上学说及以后的司法违宪审查权正在其发源地受到严厉的抨击，英美法系的核心——法院的独立性、权威性处于危险之中；它的商法正在英、美被编纂成法典；在它的许多信奉者看来，普通法的侵权法中威胁着共同过失的死刑、风险承担及过错责任学说，似乎都触及整个制度的特有原则。的确，迄今尚无人明确意识到，法律社会化这一世界范围的运动，20 世纪抽象的个人主义正义原则向着新的正义观念的转变，正给各地的法律带来压力。而在美国，还不止于此。除各地法律共同感受的压力外，行政裁判的兴起，在司法管辖权之外发展起来的、有独立执法权力的各种委员会和管理机构有承担各种事务的趋势，在执法中我们的政治组织结构中个人主动性的丧失，行政监察与监督的更替，对于普通法所假定的公正的普遍失败感受，似乎都在迫使我们对法律问题的态度要有一个彻底的改变。

我们的法律在各方面没有做好准备以应付危机。美国的立法状况远未达到在一个发展迅猛的年代里普通法最发达的要求。经选举产生且任期又短的法官制度在我们许多管辖区盛行，使法院难以承担重任。可以说，20 世纪之初，颇受抱怨的偏袒判决几乎全是选举出的法官所为。采用司法经验主义的立法体制对法官的要求是多方面的，而绝不仅以平易近人、诚实平凡和盲目热情来求得公众福利。在 20 个世纪前半叶的发展时代里，有强有力的、独立的法院。美国法律在南北战争前，紧随着时代迅猛的发展而完善，战后又能保持稳定，绝不能完全归因于 19 世纪全世界追求、法律的严格性的普遍实践，而在很大程度上应当归因于我们的州法院法官性质的变化。这种变化与 1850 年后遍及全国的法官选任方式和任期的改变紧密相关。再则,在今日美国城市化的社会里,不少案件在有压力的情况下结案,同时,挤得满满的诉讼日程排除了一个世纪之前审判过程中的那种完整陈述和周密审议的可能。压力使司法的立法效果难以达到最佳。对此,用判例汇编中的一例即可清楚地证明。惠顿判例汇编第 4 卷记录了 1819 年美国联邦最高法院的判决,有 33 个案件的判决被编入判例汇编。换言之,7 名法官那一年审理了 33 个案件。在美国判例汇编的第 248 ~251 卷中,我们可以看到该法院一百年后的工作。1919 年,该法院写出 242 个判决意见书,处理了 661 个案件。若我们只看书面判决意见书,1819 年 7 位法官写出 33 个判决意见书,而 1919 年 9 位法官写了 242 个判决意见书。这就是说,仅从书面判决意见看,一名法官要做 5 倍于一个世纪前所要做的工作。这不仅意味着法官忙于应付,难以细致考虑,而且,审判这些案件时留给律师的时间势必大大缩短。一个世纪前,律师的辩护精心细致,每个细节均予以探究,而今天的法庭不得不把每一方律师的辩论时间限制在一个半小时以内。州法院所承受的压力更大。在一个要求具有高度秩序的建设性时代,在比起我们传统的建设性时期——从独立战争到南北战争——法官们面临着更大困难的时代,许多州法院中无人能胜任如此工作。事务性的压力如此之大,典范性的工作几乎不可能。

意识到这种令人不满的司法审判现状的人们设想了种种补救的措施。或许最广为人知的是调整司法组织,进一步取消英美的司法职务和法官隶属于政治活动的情况。另一种办法是以大量面面俱到的立法,不留给法官任何的裁量余地,从而取代普通法。再有就是走到另一个极端,促使我们放弃所有法律上的前提,让司法的造法像立法一样更为全面。当这些公然背离法律史课程教给我们的全部经验的观点在社区盛行时,法律工作者再也不能坐视不理了。因此,这些建议在有思想又爱国的人们中赢得了支持者,这正好可使法律工作者审视其所信赖的法律传统,确定它的构成因素,学习它的精神,透彻了解它何以发展形成,最后,我们才能懂得在当今法律发展的时代里,我们可能在多大的程度上利用它。

无疑,有人认为法律工作者必须解释,或至少说明上述最后一种要求。因为,历史法理学可能得到承认,或短时间不被信任。时代风尚要求一种社会法学历史,不仅把法律学说的萌芽、发展看作法律材料研究,而且还要探究这些学说产生的社会原因、社会效果以及法律史与社会经济史之间的关系。我应是最后否定社会法学家纲要特征重要性的人。但是,这种具有法学目的的法制史学的价值可能被过高估计。正如上一代人正确地看到了法律和政治之间的密切联系,就认为对法制史和法理学的政治解释就是全部历程。而另一代人,由于看到法律与经济的密切关系,又会理直气壮地对法理学和法制史作出经济解释,而无须其他理由。总之,法制史的经济解释可以从未能留下任何印迹的几例立法中得到证实,也可以从脱离司法实际的某种司法理论肤浅的观点中得到支持。实际上,贯穿整个法制史有两股强大的力量,抗衡着经济压力和阶级利益,并且已经使每一个时代法律的发展达到任何程度均不受经济力量和阶级冲突所左右。第一股力量是坚持法律是从现行的规则和学说的类推中逻辑地发展。这既是因为人们认为法学家和法官只能发现法而不能创造法,同时基于社会利益的保障和由于稳定性和可预测性的要求使法官或法学家要根据众所周知的技巧,根据现有的前提进行推理;第二股力量努力使法律表达人们向往的永恒不变的理想。

自觉的、建设性的造法在法律史上姗姗来迟。在原始社会里,一切违反原有神圣的法律观念或固定的习惯观念都是十分危险的。后来,传统法律牢不可破的权威和再以后产生的永恒不变的自然法观念——这种观念认为某时某地所颁布的法律不过是自然法的表现而已——都阻碍着有意识的、积极的法律创造。因为这种创造需要自由地设立新的前提,或者颁布一些并非来自或显然不是来自现有前提。甚至就在一个公开追求新的理想并努力创制法律的变革时代,对于识别已接受的法律原则理想发展的一些观念仍是可靠的。对传统制度中的法律材料进行推理的倾向和对稳定性的要求导致法学家和法官们一遇到新问题就会借助于类推。无疑,他们强化了应该强化的东西——一种自然倾向,在任何情况下均可继续前进。因此,一有新情况、新问题出现,决定法律发展进程中最重要的因素是类推。当肩负立法重任者被要求作出权威的决定时,那些类推机会就恰好在手边。

因此,法律史可以向我们展示那些作为法律发展的潜在基础的类推和法律前提,可以展示法学家、法官如何利用这些类推和前提的逻辑延伸,使法律适应发展的理想;同时也可以展示在整体或内在意义上,这些类推的结果和前提的逻辑发展如何决定了我们法律的重要部分,即传统的内容和精神。应当承认,在新的发展的时代里,这并非是实现法律目标所需要有效努力的全部,但却是大部的和最基本的部分。考察就是我们必须注重赖以工作的材料。从长远来看,法律的环境取决于法律制度的传统要素,立法创设的规则由此得以解释、发展。颁布的规则如果被吸收、融合,才能成功地制定成为法律。

仔细观察我们的法律传统,可以看出它有两个特征。一方面,它有一种极端个人主义的特征。一位外国观察家曾说,它的鲜明特征是:“对个人自由的无限珍视和对私人财产的尊重。”它只与个人权利有关,而与社会正义无关。它把具有最高社会意义的问题当作单纯的某甲和某乙的私人争端来处理。它从个人角度出发,制定了诉讼程序、民事、刑事和激烈辩论模式,并在现代社会里保持了公平的、抗辩式的古老诉讼理论。根据男子技艺比赛的规则,由一个法庭监视公平竞赛并防止干预。此外,它如此热衷于保障个人之间竞赛的公平,而疏于为社会提供保障。它依赖个人的主动性去实施法律,维护权利。它不能容忍对个人行为、身体、精神和经济自由的干预。简言之,单独的个人是它许多重要学说的核心。另一方面,它又有相反倾向的特征。倾向于把义务和责任附加在受其约束的人身上,而不管此人的意愿如何;倾向于以人们之间的相互关系而不是个人的法律行为作为法律后果的基础;倾向于把责任和不作为的义务加之于那些作为一个集团的成员、处于一定社会关系中的那些人而非单独的个体身上。

是什么决定了我们法律传统的这些特征?在越来越依赖于社会控制来解决自身问题、在普通法以外的一切都已社会化的时代,它是如何做到如此彻底而顽强的个人主义的?同时,这一传统又是怎么包容了相反倾向的另一因素的?正是这另一因素导致了法律把人置于集团、阶级和其他关系之中而非单个的人来对待。在我们声称为了今天和明天的意图,在我们如何处理传统法律材料之前,这些问题不容回避。

美国普通法的形成似乎主要得益于七个主要因素:(1)日耳曼法律制度和法律思想的最初基础;(2)封建法;(3)清教主义;

(4)17世纪法院与王权之争;(5)18世纪的政治思想;(6)19世纪上半叶美国拓荒和农业社会背景;(7)美国法院改造英国普通法时流行的关于正义、法律与国家的哲学思想。除封建法之外,每一个因素都增强了在20世纪第一个十年里与民心相悖的、强烈的个人主义这一古典普通法传统。然而,封建法早已给我们的法律制度带来了一种基本思想模式,一种后果截然不同的对待法律情况和处理法律问题的模式,一种一直调和我们法律的个人主义的思想模式。现在,以拓荒的、农业的乡村社会正向定居的、工商业的,甚至是城市化的社会转变,这一转变要求法律思想的新秩序。同时,这种转变在法院与时代潮流并进的进程中已成为主要智谋深入洞察司法判决。让我们记住,美国法律中的个人主义在19世纪最后25年里达到巅峰。在反作用力的迹象出现之前,普通法传统已证明了在无损于法律制度的前提下,其本身具有一种向前推进的原则。

考虑到上述各因素的顺序及其内容和方式影响并适应普通法,对于日耳曼法基础稍作论述足矣。

广义地说,仅就学术目的而言,英国法律史始于13世纪。但同样真实的是,任何制度都不能被武断其起始。尤其是法律,现代以前,有意识地创制新法是很难想象的。没有什么可以凭空很快地制造出来。当这种体制在诺曼国王的法院开始形成的时候,几乎无人熟悉罗马法,而且英国人对罗马法的了解可谓浅尝辄止。第一批普通法法官工作时运用的材料是日耳曼法的素材。他们奠定英美法律制度的基础时所依据、所使用的是日耳曼法的观念。他们做得如此彻底,因中央法院执行国王的法律所形成的普通法占据的优势如此强大,使今天我们的法律比日耳曼法本身更加日耳曼化。威廉征服英国,给我们的语言中注入了拉丁语因素,但在法律方面并不显著。后来罗马法风靡欧洲大陆时,欧洲大陆的传统法律是地方性的,以省为界并相互冲突。而英格兰的传统法律却是普遍、统一、协调的。因此,在英格兰,一个强有力的中央司法系统和四大律师学院对法律传统的讲授使这一传统更加坚固,使日耳曼法得以持续。17 世纪科克艰辛的工作使日耳曼法观念在英国得以发展,给予普通法以我们在美国可以接受的形式。毫无疑问,罗马法为普通法贡献出许多类推和许多概念,但同时这些类推和要领也被改造,吸收了当地法律的特征。如前所述,由于 19 世纪日耳曼语言运动使德意志帝国的法律日耳曼化,并导致在新的民法典中罗马化法被日耳曼法学说所取代,所以我们法律中的罗马法因素少于德国罗马化法律中的日耳曼因素。

我们的法律之根是日耳曼法,这不仅有学术意义,还意味着它是美国法律的基础,是 19 世纪美国法官们制定的、控制着我们生活的法律所依据的素材,代表着法律发展的阶段,我们称为严格法阶段。另一方面,欧洲大陆的一般法律的基础,是由古罗马法学家著作的摘要编辑而成的查士丁尼《学说汇纂》,它代表了法律发展的后一阶段,我们称为衡平或自然法阶段。我们的法律也经历了这一阶段,但我们的法律成熟期内有双重机制,包含了法律发展的每一阶段的内容。相反,欧洲大陆吸收罗马法后,严格时代法律发展进程所依据的材料的独有特征在其传给现代世界之前,几乎全被涤除。结果,从我们的古典时代,从科克和他的同时代人概括并重述的 13 世纪至 15 世纪在英国法院发展起来的法律时代谈起,我们的法律传统在一定意义上始于严格法时代。大陆法律传统,则要从第一到第三世纪、拜占庭帝国古典罗马法学家们的文本说起,这些文本表现的不是严格的古代民法,而是自由的、现代的万民法和自然法。因此,大陆法传统始于衡平的或自然法阶段。

个人主义是我所称的严格法阶段的主要特征。比如,严格法坚持,以法定形式承担的任何责任都必须得以全面确切地履行。它不考虑意外事故,对违约者毫不留情。在16世纪,一个债务人因河流突然涨水,不能渡河以按合同约定的时间支付,就会招致一笔巨额罚金。法律只简单地了解他是否有责任在约定的时间支付、是否已按时履行了支付。他必须承担意外的风险,严格法不会担负作为其监护人的责任。对被欺骗、胁迫而为法律行为者,严格法几乎视而不见。它允许提起不正当行为之诉,但它可宣告法律行为无效。一个人如果不能保护自己的利益,也不能要求以维持和平为己任的法院来保护其利益。如果法院确已注意到强迫和欺诈,此阶段的法律也并不要求查明此人是否被欺诈、被胁迫的事实,而要探究此人因做何事而被欺诈或受到胁迫。换言之,它认为,凡成年人均须管好自己。他不应指望法定的父母般的管教给予保护。如果他做了一笔愚蠢的交易,法律认为,他必须像个男人一样去履行义务,他能抱怨的只有他自己。如果他为所欲为,那他就要睁开双眼、面对风险而为之。他必须忍受约定的后果。他应当是堂堂正正的好汉并微笑着承担损失。严格法实施许多严格规则的是当事人必须遵守严格法并承受自己的愚笨所产生的后果。总体观点是原始社会的观点,可以重述塔西佗*所讲述的日耳曼人如何掷骰子的故事。日耳曼人严肃地对待掷骰子,不惜押上他

---

* 塔西佗:Tacitus,56～126年,罗马帝国的雄辩家、高级官员、历史学家,全名为Cornelius Tacitus,他的《年鉴》(14～68年)和巨著《历史》和《编年史》共30卷。他是用拉丁文写作的伟大历史学家。——译者注

们的自由;如果输了,就心甘情愿地接受奴役并耐心地等待拍卖。正是这种严格法的精神,一定程度上为今天的共同过失、风险承担、视诉讼为博弈的极端辩论式诉讼程序所认同。

于是,英美法一开始就孕育着严格法所具有的个人主义。

虽然严格法要求人人自立,不要哀号,应当像个男人一样去竞争,但普通法形成时代主要的社会和法律制度,即地主与佃户的封建关系制度,却并不作如是观。在这里,问题不在于他已经承担了什么或已做了什么,而在于他的身份是什么。地主有权要求佃户,反之亦然。佃户有侍服、尊敬、效忠地主之责,地主对佃户则有提供保护、保证之责。这些权利义务的存在是因为一方为地主,另一方为佃户。权利义务因此关系而定。无论何时,只要一方是地主,另一方是佃户的关系存在,相应对的权利义务就作为法律后果而存在。我们的法律中个人主义的第一种助溶剂,我们制度的主要因素和许多独具一格的学说,都是封建关系的类推。这种封建关系认为:权利、责任、义务的法律要领的出现,并非来自明确的允诺、交易条件或者故意的不当或犯罪行为,而只是一种关系使然。

如果比较一下罗马法与英美法一般制度中考虑问题的方式,即可了解这种观念在普通法中的重要性。在罗马法学家的体系里,是法律行为的要领扮演主要角色,一种意在引起法律后果、实施行为人意愿的行为产生预期的法律后果。在发展了的罗马法体系里,核心概念就是保证并使行为人的意愿产生后果,一切都从行为人的意愿推论出发。当罗马还是族长统治之下的城邦时,罗马城邦法律作为在族长之间维持和平的准则而兴起,其主要任务是调停自由人之间的冲突,在部族之内至高无上,但对部族之外的人则另当别论。因此,它给故意伤害者以惩罚,要求以法定形式承担的责任和义务必须履行。它要求人们对其意欲为之的和已经故意为之的行为负责,同时要求其意欲为之的和已为之的行为均应合法。相反,我们的法律中心的观念是关系。大陆法学者认为,代理是一种行为,一种意愿的表示,由此,一人授予另一人以代表权,是一种根据授权者意愿而引起的法律后果的权力,因此需要委托合同。另一方面普通法法学家则认为代理是本人与代理人之间的关系,权力、权利、责任和义务不是因当事人意愿所致,而是因为这种关系所附带和所涉及的事所致。因此,他们称本人和代理人之间的关系为合伙。罗马法学家称为合伙合同(contract of societas)。他们以组成合伙的法律行为当事人的意愿出发而发展他们的全部学说,同时他们对合伙认识是对罗马法中共同所有制度的类推,那种共同所有制度原本是为罗马家长死后、保持家庭免予分裂的共同继承人之间发生的配偶权问题而设立的。而我们谈论的是合伙关系以及法律赋予这种关系中的权力、权利和义务。对于土地出租与承租,罗马法学家关注的是签订租赁合同当事人所要追求的后果。我们则谈论地主与佃户间的法律关系,以及其中所包含的保证、所附带的义务。罗马法学家关心提供劳务的雇佣合同当事人所想要追求的法律后果,我们则谈论雇主与雇员的关系,提供安全设施的责任以及各方对风险的承担。罗马法学家谈论家庭法,我们则有家庭关系法。在我们判例摘要汇编中使用了一对名称,如本人与保证人、卖主与买主,而罗马法学家只用一个词:保证或销售。

关系及其法律后果的观念贯穿了英美法的每一个方面。在法律方面,最早的类推形式在今天有关出租人与承租人的法律中依然存在。如果我违背你的意志占有你的土地,你可以把我赶走，而后对我占有期间的利益提起诉讼；但你不能对我使用、占有你土地时的不当得利提起诉讼。除非有某种特定关系存在，方可保持这种占有与使用。如果确实存在某种关系，一系列法律后果就随之而来。其中有一种无须言明的享用的保证。仅仅因为这种关系的存在，就有支付租金的义务，只有以正式的、书面的租约条款才能取消此义务。租约附随土地，随土地的转移而转移，它是关系的附属物，而不是为出租人与承租人所订立。在终身而转让土地权利的情况下，仍有土地保有权关系，由此佃户要对土地的指定继承人承担义务。正是根据这种关系，租约被称为随土地转移的契约。然而，在爱德华一世统治时期，由于实施《土地完全保有法》(*statute of Quia Emptores*)，所以在不限制继承者身份而转让土地时，土地转让的契约义务就不再有这样的约束力了。在美国，当我们通过允许这样的契约有效，而扩展设立合法地役权的有关法律时，我们没有明确取消其规则，而是法院使用了"同一权利上的关系"(privity)一词。它就是指一种特别使用关系。法院通过一种虚构的同一权利上相互关系的拟制来证明结果的合法。同样，在侵权法中，某些特定关系要求或涉及注意的义务时，这些关系的存在通常就会产生决定性的义务。例如，如果甲溺水，而带有绳索和救生带的乙却若无其事地坐在岸边。除甲、乙都是人这点以外，如果甲、乙之间没有法律规定的关系存在，乙可以抽着烟看着甲淹死。在缺乏要求作为的关系的情形下，行善仅仅是道义上的义务。其他制度通过另外的方法亦有同样的结果。如果不管哪一方面不太合理，普通法法官只有趋向于在当事人中间找出某种关系，或者一方应对另一方承担的某种责任。

在抵押人与受押人的关系上,我们无须了解当事人同意了什么,但我们采用一些防止恶意的规则。如一旦抵押成立,就一直是抵押,不能排除赎回的正当权利等。这样就保证了衡平法院在此关系上所支持的权利义务的实现。出售土地时,也不是我们想象的那样可以实现合同当事人的愿望。卖方与买方的关系一经成立,就应想到此种关系所包含的权利义务,想到合同权利向衡平法上所有权的转移,想到卖方的法定所有权为获得金钱的保证所取代。这并非当事人意欲如此,而是因为在一种权利丧失的情况下,法律因其关系而规定如此。同样,我们也有多种信托关系,如信托人与受益人的关系。诚然,上述关系及许多案例不由普通法院而由衡平法院所管辖。但普通法律师可在衡平法院参加诉讼。教会法官已把道德原则注入法律制度之中。为防止不诚实、不道德的行为,他们禁止受托人或受益人做法律许可之事,这样干涉最初或许是为了保证当事人灵魂的安息。后来,普通法的律师甚至可坐在上议院大法官的座位上,他们立刻开始了主人与仆从、地主与佃户关系的常用的类推。他们根据包含或附加在他们身上的权利义务来为信托关系确定范畴,既排斥了司法官们虔诚地按一般道德原则所做的干涉,也不理会处于一定关系中的当事人意欲何为。由于要求找到"同一权利上的关系",要求找到某种附有获取法律救济权利的关系的思想完全支配了衡平法,使确定竞合权利诉讼、防止滥诉诉状等陷入困境。

我们的公法,也是围绕着同样的关系的观念而建立的。《大宪章》被视为英美公法之基石。亚当斯教授指出,作为一个法律文件,《大宪章》主要是英王对其直辖地承租人的法律关系中所涉及的责任的概括。在中世纪,国家主权和财产权混淆不分，当地主恰好是国王时，他很容易按照国王规范其与臣民的关系来规范其作为地主与承租人的关系，令后者承担起如同臣民对国王般的责任。政治理论力求用罗马学者的契约法律理论来阐明统治者和政府的责任，这是一种君主与臣民的契约理论最初产生于中世纪的教会和世俗国家之间的斗争，旨在为虔诚信教的臣民对王室的忤逆辩护，那些臣民抵制王室对教会特权的蔑视。我们还会看到，发生在18世纪的另一种情况：这两种理论如何合并，作为臣民的英国人对国王的普通法上的权利如何变成了从社会契约论演绎而来的自然人权。引人注目的是，后者是我们法律中的一个舶来概念。在19世纪给我们的宪法性法律造成许多危害之后，这种只在所有宪法性文件中宣告的自然权利的概念正在让步，有迹象表明，我们将回到法律为统治者与被统治者关系而设定的附加权利和义务这一真正的普通法概念上来。

因为我们法律传统中的这个因素源于对新的问题普遍适用地主和佃户间相互权利义务的类推，所以我冒昧地称此为“封建法”，也许应称为“日耳曼法”。如果把罗马法和日耳曼法作比较，我们会立刻惊讶于两种制度对同一问题处理的不同。这些区别主要是它们分别使用意愿和关系作为基本概念所致。可以比较罗马家长权，即一家之主的权力与相对应的日耳曼家父权制度。罗马法律制度是法律上十足的“一边倒”。根据法律，家长在家庭内至高无上，他只享有权利，而他承担的义务都在家庭之外。而另一方面，日耳曼的制度被看作一种保护关系和隶属关系。但此隶属并非依据家长权利，而是因为这种关系，实现其所包含的保护目的。另外，家父权利产生于此种关系，并且是依靠众人履行保护其责任的权利。塔西佗告诉我们，关系的观念为日耳曼制度所独有，因此也就成为封建社会体制的基本法律观念。不过，在我们的法律中，这种观念是对司法实践结果的一种概括：在英国法形成的时代里，法官们经常将他们最熟悉的地主与佃户关系的制度加以类推，解决了一个又一个难题。

到了19世纪，封建因素对普通法的贡献受到冷遇。清教主义者和普通法法院在与王室的斗争中采取反对政府和社会的保护个人态度。18世纪抽象的个人自然权利理论，拓荒者坚决要求对个人行为自由只可有最低限度的干预和19世纪来自个人自由形而上学原则的法律阐释——所有这些合起来，使法学家和法律工作者更多地想到个人而非团体或关系，使法学家们认为具有古代身份制度表象的任何事物都是错误的。罗马法学者的契约观念成了最流行的法律思想。正如梅特兰所指出的那样，契约成了“法律范畴中最为急需的”。由于罗马法学者的学说把个人意愿的法律实现作为中心思想，人们试图使不止一个部门的英美法罗马化。这种努力因为英美普遍接受了对法理学和法律史的政治化解释而得以加强。这种解释认为社会和今后的法律进步的关键在于个人自由思想在政治制度发展中的逐渐扩展。法律的进化就是从身份到契约的演进，亨利·梅因爵士这一著名的概括也是个促进。接受了这种学说之后，英国法学家们指责普通法已经过时，因为它把法律后果归因于关系而不是归因于契约或意愿。事实上，亨利·梅因爵士的信条仅仅是对罗马法律史的概括而已。它揭示的罗马法的演变进程，而在英美法律史上却没有基础。除非我们真的正在倒退，今天整个英美法的历程都在证明这一信条的落空。在我们法律的司法发展实践中，我们特别将保险法列在合同之外而不考虑合同自由的立法限制。如同 19 世纪的立法一样,我们确定公用事业公司的义务不是依据合同而是基于关系;它们并非来自公职人员订立合同时所作的选择,而是来自公职人员所从事的职业对公众的相应关系。在单个案件(有些是法律晚近时期的发展)中普通法的关系概念是什么呢?是包含着权利、责任、义务的保险人与被保险人、公用事业和雇主之间的关系。意义深远的是,我们在关于公用事业公司的法律中取得的进展是采纳了在英国《年鉴》* 中尚可见到的 19 世纪已放弃的学术观点。

意义更为深远的是,有关雇主与雇员关系的立法发展将责任和义务强加于雇主身上,不是因为雇主有此意愿,也不是因为他有过错,而是因为雇主与雇员这种关系本身被认为有此要求。这是时代的大势所趋。在我看来,这是因为对设定相互权利、责任和义务的雇主与用工关系这一普通法概念的复归,是关系的迫切需要。法官们试图在法律制度内找到依据来实施劳工伤残赔偿法令,一度倍感棘手。有人认为这些法令创设了劳工的"身份",并使不少法院感到恐慌。因为"身份"是个古代的概念,与现代观念相去甚远。因此,他们感到有责任弄清楚,是什么正当理由把那些具有健全的心智、理性的判断、达到成熟年龄的人视为无行为能力的人。另外有人认为,劳工伤残赔偿法令中的责任义务是准合同性质的——这种看法只说明了作者不知对它们该怎样称呼和如何归类而已。可以肯定,它们既不是合同性质的,也与 19 世纪所认为的侵权法原则不一致。这种与我们侵权法相对立的立法是否会导致两者之中必

---

* 英国中世纪一系列用诺曼法语记载英格兰案件辩诉情况的判例集。——译者注

有一种应当作出让步呢？如果是，这种立法不适合普通法制度，它就可能在执法上使普通法陷入困境。但是，我认为普通法有容纳它的一席之地。在毫不扰乱我们法律制度的同时，实施这些法律完全可能，而且，在它们产生积极效果的前提下还能使之与所有的法律同步地发展。区别对待有无雇主、雇员关系的纠纷与普通法没有矛盾。根据关系来确定责任和义务，并没有任何不协调之处。相反，19 世纪以其他方式来对待雇主雇工关系的做法才与普通法相悖。在实施这些法令时，普通法可以利用时间最久远、内涵最丰富的法律概念。因此，我们完全相信，普通法不久就会同化这种立法，并使之发展成为正义的力量。

过去，普通法的封建性备受指责。在 19 世纪，罗马法中试图适用于一切可能情况的法律行为的观念被看作法律成熟的法制。但这一法律行为概念只注意了作为个体的人。当然，在 19 世纪的美国拓荒垦殖的农业社会里，有此概念足矣。但在今天工业化、城市化的社会中，阶级、集团、各种关系必须关注的则不仅是个人。幸运的是，19 世纪并没有使我们遗失封建法为我们的法律传统所作出的贡献。以关系的概念处理法律问题，是根据封建保有权附属的权利义务关系类推而来的特有的普通法模式。在此模式中，我们有着极其重要的法律制度面向未来；我们有办法使我们现有的法律传统成为在今天、明天的社会里实现正义的有生力量，正如它在昨天的社会里一样。

第二章　清教主义与法律

如我们所知,法律史的撰写始于萨维尼,一定意义上始于黑格尔。因此,黑格尔的理想主义的解释取代了“大人物对历史的解释”,但后者从未在法律文献中占据重要地位。当然,古代法典也曾被归因于诸神或者受神灵感召的圣人,希腊或罗马的惯例把整个法律体系和政治制度归因于某位立法者,则另当别论。这些观念代表着一种力图象征性地表达法律的神圣,或古代的风俗以及普通安全所依赖的惯例的权威,它们的地位在现代社会里已被一种观念——法律建立在一种永恒、内在的理性基础之上——所取代。不过,也可以说是一种伟大的法律工作者的角度来解释法律史的观念。人们可能把法律制度的进步、法律学说的发展归因于法学家、法官和律师中领导人物的天才及其影响。坎贝尔爵士认为,国王的法律顾问官和首席大法官的生涯可以用来说明英国宪法和英国法律史。不久前,一个作者试图通过对帕比尼安(Papinian)的生活、性格的研究,向我们讲述古典罗马法的精神。毫无疑问,伟大的法律工作者在法律史上并非微不足道。没有帕比尼安、乌尔比安(Ulpian)和保罗的罗马法,没有巴托鲁斯(Bartolus)的现代市民法,没有格劳秀斯的国际法,没有波梯埃的法国法,没有萨维尼的德国法,没有柯克的普通法,或没有马歇尔的美国宪法性法律都是不可想象的。但是,法律工作者可能只是法律发展、法律体系或制度的产物而已,制度和学说都是由来已久的力量的产物。也许只是法律工作者自己要求解释。上个世纪的历史法学家习惯教导我们说,法律制度的内容是一个民族全部历史的必然结果,语言不能解释,个人的作为也不能解释。后来,据说伟大的法学家和法官也不过是传声筒而已。而法律,不过就是社会力量、特定时间和地点的文明、阶级斗争、经济压力以及当时统治阶级的利益的表现而已。上述被接受的每一种观点、伟大的法律工作者的创造性角色都被推入法律史的背景之中,同时他也是一个时代勇士,他通过研究对法官作出的判决试图阐述普通法的精神,同时表达我们的法律并给以形式。

但是,别的法律史解释方法很少被运用于英美法史。理想主义的解释把法的历史视为人类经验中权利或正义观念的展现,并卓有成效地运用于罗马法史的文体。这种解释在一个时期表现为宗教解释。它在宗教思想和制度的进程中寻找法律和司法制度的进步以及发展的关键。那些想要探索基督教教义如何影响古代社会那种制度最后阶段的人,已把这种解释与罗马法联系起来。不过,普通法史学家从未做过这样的尝试。另一方面,另一阶段的理想主义解释在刚刚过去的时间里又成了我们教科书的主要内容。政治解释在英美法理学和政治学中都大受青睐。在历史方面，它认为从依附到自由、从身份到契约的运动乃是社会和法律发展的关键；在哲学方面，它看到所有法律都指向自由，并把法理学的假想作为公民自由的科学。由于亨利·梅因爵士的著作在美国广泛流传，这种解释大大影响了我们的法院、法律工作者对社会立法的态度。但是我认为，那些社会立法通常被错误地归因于阶级利益。另外，一种人种学上的解释也曾被强调，它从有法律存在的种族整体的性格中发现法律进步和法律制度的决定性因素。然而，把此种方法运用于罗马法史的尝试的结果，既可疑又贫乏。似乎也没有理由可以认为，它更适合于我们的法律史。最后，一种经济学的解释很时髦。鼓吹者称，正义观念与实际的法律发展过程无关，他们断言，决定法律制度的发展和内容的唯一力量是当前特定社会中统治阶级的利益。

以上几种解释各有道理，要作出选择相当困难，不过并无选择的必要。没有任何社会制度是其中一个原因的产物。每一种制度都是多种原因的结果。分歧只是由于观察者们强调的重点不同而已。但是，其中任何一种原因都不可忽视。所以，如果有人认为，普通法的精神，即上个世纪我们法律思想和司法判决中极端抽象的个人主义，是日耳曼民族对个人主义固有的偏好所致，而这在一些地区受罗马帝国的强力抑制，在英国却没有受抑；同时，又有人认为它是 16 世纪、17 世纪英国法院和王室之间政治斗争的产物，是那个时代政治发展的结果；还有的人又视之为清教主义的产物，是清教思想在法律、政治领域中的应用，正如马修·阿诺德所说，此应用在市侩的天堂——美国达到了顶峰；也有人认为它是 19 世纪美国经济思想和经济状况以及拓荒精神的结果。对以上诸说,我们不必作出非此即彼的选择。事实上,所有这些都是因素,而且不少为重要因素。人们可能把清教神学和16世纪至17世纪的政治思想最终归因于日耳曼个人主义。罗马帝国在法律和神学上停滞不前,日耳曼人的才华在宗教改革中挣脱了锁链,个体的人在法律、政治、哲学和宗教领域坚持自己的权利。人们可能说,我们的父辈开始阅读的旧约正是日耳曼精神与希伯来教义相通相合深刻地影响了的旧约。因此,日耳曼人的性格加上上个世纪的经济状况以及由此产生的经济理论就成为我们的公式。但是,必须考虑个人主义者的性格、宗教学说和社会状况之间的相互作用。泛泛的概括难有所获。至少我们可以断定,可能由于根深蒂固的清教主义表现形式,是铸成我们普通法精神的一个重要因素。

诚然,有特别的理由使人相信,在一定程度上,清教主义是我们法律中决定性的因素。在宗教解释已不再流行的时代,我仍要以上述理由,尝试对法理学作一些宗教上的解释。个人主义及其相关思想,并非英美所独有。英美法,尤其是美国法律思想的独特之处在于个人主义的极端性,对个人利益和财产采取不妥协的坚持态度而成为法理学的焦点。另外一些原因造成各个地方在法理学、政治学和经济学上的一个个人主义时期。或许清教主义在我们美国法律思想的形成时期格外强化了个人主义者观念。在英国法律思想已翻开新的一页的半个世纪以后,只有清教主义才把个人主义观念烙进我们的理论和实际之中,并使之生气蓬勃地在美国发展。根据这一假定,对于我们的法律思想以宗教解释之重要比给罗马法以哲学解释更为重要。后者认为斯多葛派哲学的影响在罗马法的形成中占有一席之地。

与法律不同的是，法学上的个人主义起源于16世纪末17世纪初，在古老的自然法理论之外的自然权利理论上兴起。这一个人主义的勃兴中有两个主要因素可以认定，那就是中产阶级的解放和新教。贝罗尔兹海默（Berolzheimer）把前者看作自然法理论的成熟和衰落。但是个人主义的自然法依然在美国兴盛。如果说美国已特别成为中产阶级的国家，我们也必须看到，中产阶级在别的国家也占据了统治地位，而且清教主义给予英美中产阶级以特征。何况我们可以将我们唯一的普通法思想模式归功于现代法时期英国新教。原因之一在于它对国家的态度中天主教色彩与新教一样浓厚，比起路德及其追随者，它更接近反对宗教改革的天主教耶稣会法学家的观点。路德的政治原则是消极服从，因为圣经要求基督徒服从世俗政府。路德和梅兰克森都强烈反对再浸礼教徒和起义农民。他们确信国家是最高的利益，没有任何个人的权利可以反对它。这个学说的基础是国家主义而非个人主义。他们坚持地域管辖内的主权，反对世界性的教会权力，新教神职法学家也坚持主权之下本国的法律程序，反对罗马的世界权威。既然承认宗教改革的目的是"恢复个人自由"，通过国家和社会实现个人自由就是达到此目的的最佳途径，如同英美将抽象的个人主义凌驾于国家和社会之上一样。换言之，要理解我们普通法的精神，就必须考虑到中产阶级解放的特殊阶段和新教的特殊发展阶段。

英国法律思想的第一位改革者也是英国宗教思想的第一位改革者，并非偶然。约翰·威克利夫以抵制教会权威、翻译圣经使之进入寻常百姓家而闻名于世。但是在其短文《皇家官职》(*De Officio Regis*)中,也抨击官方制定法的权威,宣称英国判例法充足,文中理直气壮地反对庄严的查士丁尼立法和罗马教皇敕令集。要记住,在当时这意味着什么。不管事实怎样,国王的法官们的理论是他们正在实施的英格兰的普通惯例,是英国人相互关系中的一般行为模式。对于罗马法,这一学术理论认为,既然《民法大全》是皇帝查士丁尼的立法,它就只能约束奥古斯都继承者统治下的人民。对于教会法,这一理论认为:全部司法管辖有精神的和世俗的之分,世俗权力不能过问精神事务,以教皇为代表的教会在精神领域内享有绝对立法权力。14 世纪,博尼费斯(Boniface)八世曾说:“教皇心中自有一切法律。”但是威克利夫却勇敢地说:“虽然教皇的许多法律从未被宣告”,但人们仍可得救,威克利夫认为罗马法是“异教徒的法”,比起英格兰民事法律,罗马市民法并无更多的理性和正义可言。他呼吁官方采用英格兰习惯法,以英国人在日常行为中为自己制定的规则取代罗马法和教皇外来强加的法规。但这也是威克利夫对于宗教所采取的态度。在法律与宗教方面,他都呼吁个人取代官方的权威。

宗教思想的真正影响是在以后。如前所述,总体来看,普通法的历史始于 13 世纪晚期。就美国而言确实更晚,说它始于 16 世纪末是不会错的。在此,我把普通法作为一种思想模式看待。有一些信条,尤其是财产法,历史要久远一些,而且研究我们的司法制度必须得从亨利二世时代开始。但是,研究我们对法律问题的态度、我们法律推理的模式、构筑普通法体系的原则,就只能从伊丽莎白统治时期开始。从那时起它们才有持续、稳定的发展。英、美法律的发展分别始于伊丽莎白和詹姆斯一世时代,即美国独立革命和南北战争时期。

柯克之前英国法院所取得的成就,经由那位孜孜不倦的律师概括并传给我们。通过他的展示和上一代人所选择的、对待官方权威的方式,我们可以了解那些成就。伊丽莎白和詹姆斯一世统治以前的发展阶段也因此留下素材。采用这些素材在现在法律中成型主要归于16世纪末17世纪初对其感染力的可能性,来自柯克和他同时代人的解释,来自后来我们在美国接受的普通法中适用于新世界的那部分的研究,这些素材因而在现有的法律中仍有影响。我们还可以对18世纪的建设性成就置之不理,因为它产生于衡平法和商人习惯法。严格来说,二者均不属普通法。不是它们影响了普通法的精神,而是普通法的精神有力地影响着它们。但是,我们普通法制度有两个形成时期,其间原则和学说得以形成,我们的判例总结了过去并给了我们指导未来的原则。这两个时期是16世纪末17世纪初的古典普通法时期和到南北战争结束时的美国法律发展时期——这个时期在未来的某一天,当普通法的历史被当作一个世界性法律而书写时,将被视为第一个时期的古典普通法了。第一个时期的任务是检查过去的判例和立法,为未来构筑一个体系。第二个时期的任务是考虑整个英国判例法,辨别哪些适用于美国生活实际而哪些并不适用。显然,这两个时代的精神和人们在法律方面的努力给予我们称为普通法的处理法律问题的模式,这种精神和努力给整个法律制度增光添彩。但柯克的时代也就是英国清教的时代,到南北战争截止的时期也就是美国清教晚期。我们绝不能忘记美国的清教徒,占人口的大多数,有自己的习俗。他们没有要与之抗争的强权政府,他们按自己的喜好建立制度。如同在柯克时代形成的一样,普通法原则在美国获得了最高、最完整的逻辑发展并不偶然。而且,我们是一个普通法国家,长期以来在这方面比英国本身的还要彻底。

清教一直坚持的一个基本主张是个人行为的“理性诚实的自愿契约”学说。把个人良知和个人判断置于首位。没有官方权威可以合法地强制它们,但每个人必须承受并遵守他们自己选择的后果。在宗教组织上,此学说产生了一种“联合但不从属”的体制,“我们不是互相压制、约束”,鲁滨逊说,“而是互相认同、帮助”。因此,即使是宗教组织也是依附于宗教之上的一种契约形式,一种法律理论,一种合法主义。如果人们根据自己的良知和与他人的契约自由联合,以集合体的方式行动,其结果就必然是:作为政治集合体的国家也就是契约,契约自由也就是进一步必然得出的推论了。英格兰的早期历史对这种观念提供了充分的应用,契约和协议——每个个体同意社会的形成和延续——是所有社会的政治和宗教基础。亚伯拉罕和以色列子孙成为上帝的臣民这一契约的先例,为此学说奠定了宗教基础。但它被同样适用于市民的和宗教的组织。结果之一就是个人主义概念的形成,即所有法律的后果皆取决于意志的实现,正如将法律后果归于反对封建概念的某种关系。契约和故意犯罪行为,似乎成了足以解决所有难题的概念,法律可以分为合乎契约的和不法的两个部门。另一个结果是把每一件事都理解为道德问题,并由此使之成为法律问题。因为道德原则正是针对个人及其相关应用的,在适用道德原则时必须考虑到环境和个人。因此,如果每个问题都被作为道德问题来对待,涉及道德问题的争论将被视为具体案件来解决,那么,个案之间的解决就可能有所不同,案件当事人就可能被那些有权力斟酌案情和对个案适用原则的个人所支配。联合的观念要求适用稳定、绝对、统一的原则，个人订立契约必须遵守并依赖这一原则。于是，道德和法律原则以同样的方式，即以法律的方式适用。莫利说："清教对我们的损害莫过于让我们的判断失去了广泛的多样性和良好的鉴别力，使之成为对道德教条字面意义的单一、狭隘、肤浅的宣言，或使之成为可接受的真理标准的准确统一意见。"我们已经熟知了清教思想积极的一面。在政治学上，人民的概念不是一个实体而是个人之间的联合。把权利明确地归于每一个个人，把英国人法律权利的发展归于人的自然权利，这在清教革命的宗教发展阶段里有着直接的渊源。但是，在法律上，它给予我们以契约的抽象的自由观念，这是所有社会立法的克星，并且它顽固地反对把规则按衡平原则灵活地适用于具体案件的全部权力，从而导致了我们的州法院里衡平法的衰落。坚持并相信仅有的司法手段，常常使美国的法律程序在今天的商业世界里令人难以忍受；惩罚恶意、违法与惩罚之间要有必然联系的观念使我们的刑法难以对付反社会的行为，同时也难以自我调整，以适应具体的犯罪行为所导致的迫切需要。

清教个人主义是怎样影响司法实践的呢？通过各法律部门并观察清教在那里的工作，即可很好地回答这个问题。"宗教改革的使命"，贝罗尔兹海默说，"是给个人自由以生命"。在这一点，清教是宗教改革完美的体现。个人解释的自由、个人结社的自由和个人权利都是他的宗教、政治、法律观念的基础。但是，坚持抽象的个人自由和个人利益远非法律制度所必须注重的全部，而且，在 19 世纪，我们的法律已从各方面表明将上述个人权利作为唯一基础的不良后果。例如，当今普通法中没有什么别的学说对待法院比对待立法的传统态度更难以忍受,而且也没有做出这样一种司法设想:立法机构处于戴西所称的停滞阶段,应该少有或者没有法律事务方面的立法,而站在法院和律师的立场也抱怨这种立法,这一切常常使简化法律程序的立法努力付之东流,即使社会工作者付出艰苦的努力把它写进了成文法汇编之后,亦属徒然。多年以来,美国律师协会主席就职演讲中一个备受偏爱的话题就是立法机关立法过多。美国律师界一位已故的领袖,在其执业时逝世的,当时他正在写一个反对这种立法的详尽的大纲,并在其遗嘱中为一所法学院设立一个教授职位作了宽厚的规定,要求此教授之责任乃是讲授——我要说几乎是布道——立法无效的真理。普通法对立法抱有如此偏见的原因不止一个。但在相当程度上是我们的法律形成时期清教的优势影响所致,其他的原因都是最早宗教上的。“在清教看来”,阿克顿爵士说,“政府和制度像地球上的事物一样都要消失,而灵魂却是永恒的;自由与权力之比不亚于无穷与有限之比;因此,强制性命令的范围应有规定的界限,权力当局受到限制,外部惩戒和有组织的暴力应有权限的划分,并应忠实于自由人的理性和良知。”

这种立法观适应并坚定了在立法停滞时期所形成的普通法概念,并受到爱德华·柯克专断的天性所鼓励。柯克不能容忍对他煞费苦心地从过去的羊皮纸中发掘出来的法律的任何干涉,他是传统的权威解释者,并在解释中强调了他自己的观点。因此,我们的法学院正宗的传统全然不理会法律中制定的条文。在教学中,由传统的判例课程代表过去的条文,象征着真正的法律,并提供了原则和类推。而立法所代表的新的部分被视为异己,它们闯入法律系统,只能为判例已经确定下来的细则作补充而已。然而,在确定法律工作者对立法的态度时可知,清教徒是制定法中的坚定信奉者。英格兰的英联邦产生了爆发性的立法活动。马萨诸塞州的第一批成果之一就是整理成文法。这个殖民地的成文法规汇编比英国立法修订本大约早二百年,并且在其前言中为议会立法作了辩护。虽然清教徒不相信强制而相信教导,特别是运用法规教本作宽容而不受拘束的教导,同时还在更大范围内指导个人的良知和判断。这已是长期以来我们国家政体的一个不幸特征。

侵权法中,最令人难以接受的是适用于雇工伤害的风险承担和共同过失学说,这些正是清教的观念。雇员是独立自由的人,受自己的良知和个人对圣经的解释所支配。他为自己作决定。他选择危险的工种,则要承担受伤的风险。他知道别人也将和他一起受雇;他知道他们可能会有疏忽大意从而可能受到伤害。是的,他是自由人,让他承受损失好了。雇主并没有错误。用卡特先生的话说,雇员必须忍受或承受他自己行为的后果。这一古典学说传统的解释在马萨诸塞州被写出来,绝非偶然。如果一个工人固定在一台机器上工作,就成了机器的一部分,在操作机器时因疏忽大意而受伤,普通法会对他说:“你是自由人,你有智力、有能力使用这台机器,你自由地选择这项危险的工作,受了伤就必须忍受这个后果。”事实上,他很可能不会、也不可能自由地选择。据说,实施劳工赔偿法以前的统计显示,大多数工业事故发生在一天工作的最后一个工时里。那时感觉麻木,工人不再是我们在理论上所认为的自主的行为人了。但法律理论是没有漏洞的。它认为这种情形正是工作的风险,应由劳工承担。立法已改变了这些规则,即使立法机关努力地摆脱了共同过失理论,而法院长期以来却趋向于将这一理论解释融会于法规之中。

在宪法方面的众多范例中,我们可以注意到19世纪有关追求合法职业和契约自由的权利的判例。直到本世纪,这类判决都与社会立法密切相关。有意义的是,后来的个人主义运动的预言者、已故的贾斯蒂斯·菲尔德先生在增加研究清教世系及其发展时,又对普通法和新领域开业的实践经验进行精心研究。无疑,后一种较为重要,但法律并不如此,即使这一新领域对他也产生了影响。不受社会控制的、最大限度的抽象个人自主的思想因他有力而博学的意见得以广为流传,它仍然属于清教联合的思想。我们互相依存,而非互相支配。全部理论就是除了维持和平的最低限度的必要之外,不应当对个人权利有任何的限制。一切都留给自由人自由地订立契约。幸运的是,这种观念在上个世纪末就在我们的宪法中走过了它的全盛时期。

刑法的问题之一是惩罚的个性化,调整我们的刑事制度应针对罪犯而不是针对抽象的罪行。另一个问题是摆脱报应理论,抛弃作为犯罪的法律处理基础的报复思想——它是因果报应正义观的根源。还有个问题是使刑法成为制止反社会的行为和保护社会的有效力量。在上述观点的每一问题上,我们清教的普通法理论遇到有力的抵制,并逐步退缩。清教徒对因果报应中个性化的反对是本能的、根深蒂固的,原因在于他在星室法院了解同样的基本理论。此理论与罗马教会忏悔制度有关。社会学家现在承认教会法深刻而人道的洞察力和符合现代基本要求的观点。在忏悔制度里,萨莱伊(Saleilles, Rayomond)*说:“不是罪行,而只有罪犯……应受关注。在完全客观的法定刑

* 1855～1912年,法国法学家,尤以比较法权威著称,在当时法学界颇具影响力。——译者注

期的表象之下是主观的个性化;这也正是我们现在所要求的。"对清教徒而言,这种观点完全不可接受。抽象的法律规则及其产生的学说对待法律和政府的高度个人主义化持相同态度,并使个别案件在实践中适应这些规则和学说。前者,是个体单独反对其同类的主张。它表现了自立的人的感情,即他将处理自己的事务,决定自己的行为,支配自己的财产,同时接受追求这类权力时所伴随的责任,或使他自己承受其选择的后果所承担的责任。但他的选择可免受任何干预。后者,是个体联合起来反对其同类的主张,它表达的是同样的自立的人的感情,那就是:不管是国家或国家的代表,或治安法官,都不能对其作出比其本人的良知所作出的更好判断;他不能由人酌情判断而只能根据严格法的刚性规则来作出裁决。

17 世纪,当星室法院被撤销、惩罚犯罪全部由普通法院管辖时,我们的刑法迎来了新生。由此,我们的刑法在形成之时也打上了清教的烙印。在 19 世纪美国的许多州里,清教对于司法行为任何活动范围的强烈反感得到增强,以至于要取消普通法中的轻罪,并试图制定出一部详尽的刑法典以适用于每一案件。这样,现代刑法科学上的三项要求都受到我们清教刑法的抵制。不久以前,一个博学的高等法庭从教养院释放了一名儿童,理由是:教养院就是监狱,在那儿的拘留必须是对犯罪的惩罚,因而就只能在不法保护条款下,通过正式的刑事诉讼法程序下实施。少年法庭的出现使我们习惯于刑事衡平法院审理少年犯;但是,对成年人引入任何个性化的司法制度的努力在一个长时期内将要与合宪性上的困难作斗争。的确,我们常常只好借助于各种管理委员会来做现代英国通过刑事上诉法院所做的事。同样惩罚报应论也渗入我们刑法的基本原则之中。普通法也抽象看待罪犯。他是个自由的人,在正确与错误之间选择时自愿选择了错误,他就必须承受事前约定的刑事后果。清教的这一观点,不仅使其他相关科学已放弃的惩罚报应论存留于法理学中,而且阻碍了意在保护社会的刑事立法发挥作用。法院理性地引入了依照成文法规处罚犯罪的自我危险行为说,表达了社会的要求。这样的成文法规并不意味着处罚恶意,但要对疏忽大意和对公众健康、安全、公共道德利益未尽职责的行为施压。不过,此学说的任何扩展均受到了教科书作者们的坚决反对,在持主教的清教主义和普通法正统观念的麦克克兰法官的眼里,这些判例既不合常规、又不令人满意。

在财产法里,我们可以看到"滥用权力"的明显例子——使用财产或使用有关财产权的目的仅仅是为了损害他人——更早的学说与地面水的使用有关。这里我们又可从马萨诸塞州看到相邻地面所有权人使用地面水权利的极端个人主义的典型解释。当然,罗马法影响已大大地削弱了这种学说。普通法的这一学说只是问:被告是在自己的土地上活动而没有妨害他人的行为吗?如果有,那么就不管其动机何在了。如果争执交由法国法官审理,他会认为使用自己的财产而损害他人是反社会的行为,应予制止。而普通法的法律工作者肯定会引用布莱克斯通的话回答:"公共利益并不比保护私人权利更重要。"

在美国,衡平法也表明了同样的影响。清教徒始终是衡平法的一贯且彻底的反对者。衡平法与他的观念格格不入。第一,衡平法保护了做出不利交易的傻瓜,而他则相信蠢人应被允许和要求自主行为,并应为自己的愚蠢所导致的后果负责。第二,它直接针对个人,压制了个人的自由意志。它着眼于预防,而不是容许自由行为和事后实施预先赞同的惩罚。第三,它允许在实际案件的处理时有自由裁量权,在清教看来,这意味着治安法官的优越权。它允许治安法官凭自己的标准而不是固定的、不受个人感情影响的法律规则来审判。因此,在英格兰,对衡平法院的反对几乎持续到18世纪,并且出现贝尔明议会(Barebones' Parliament)撤销了衡平法院和在克伦威尔统治时期出现了反对法院的小册子的情况;而在美国,马萨诸塞州勉强地将衡平权给予普通法院、独立革命后新罕布什尔公民投票反对衡平法,以及给予救济时可能自由裁量的衡平法不严谨的学说向严格、固定的管辖权规则转变的总趋势。波默罗伊评论道:“即使扩展仅限于把熟悉的原则适用于新的事实,美国法院也极不情愿地增大衡平法的管辖范围。”衡平法上的权力和衡平法学说的合法性的逐步放弃十分引人注目,我曾冒昧地称之为衡平法在美国的衰落。客观地说:衡平法的方法和理论与我们的法院并不投合。如果我们没有忘记法院是由清教徒所组成的话,其中原因就一清二楚了。

新教一开始在法律上就有民族主义传统。16世纪、17世纪新教法学理论家就从民族主义立场出发,反对教会法的普遍权威和与宗教改革相对立的天主教耶稣会法学家的普遍性学说。新教法学家寻求以各民族的市民法取代普遍的法律,市民法的神圣是因为它产生于神授法令的国家。清教把这种法律特殊神秘论推向极端,则是由于它视国家为政治联合体的观念所致。由基督教徒解释后的十戒和圣经已充满了普遍性的原则。其余的事务只需让国民自由赞同的地方性法规管辖即可。今天,这样的意识很大程度上仍保留在我们美国法律的地方特色的赞扬之中,保留在促使实体法、程序法的地方性各种规定之中。在司法上,它们似乎具有对其本身引起的种种不便予以补救的内在重要性。在采用《票据法》以前,在西部,人们常说,一张在芝加哥开出、在奥马哈兑付的汇票在正常的收取过程中要受到3个不同的法规的管辖。法律工作者却也认为这是不协调的。甚至,在商人的压力之下,在统一票据法已生效的现在,普通法法律工作者还认为统一没有什么价值。还有几个州出现了对法律给予地方性解释这一令人不安的迹象,其中隐含着逐步恢复到过去各地法规迥异的状况。

然而,清教主义在法律适用和执行中对我们今天的法律制度产生了重大影响。清教对治安法官特别戒备,并走向极端,发展成为对法官的戒备。布赖斯说:“有一种关于人性的虔诚的清教主义思想渗透在《宪法》中。这是相信原罪者所为,他们决意让道德上的罪人打不开可能关闭的门。”很难否认,清教的理想国是一个永远解不开的死结,因为个人既听命于大量的规则而又不受强制,个人的自由活动只服从他自己的理性和良知。我们立法表现出的不一致性,一定程度上正是因清教所致。它反对由国家或治安法官支配其意志,但他又认为人性天生罪孽深重,所以热衷于制定规则。这样,我们有足够的规则,却没有适当的执行措施。在我们从管理委员会近来的发展中找出一条途径之前,法律使行政无能为力。19世纪时,禁令、非法侵入之诉、执行令程序把行政官的手脚从各方面捆得死死的。但是,当司法部门出面执行法律时,地方陪审团、大陪审团、地方检察官和地方治安官有权加以阻拦,也有权按其个人良知的命令去维护法律。这样,执行反而使法律无能为力了。制约与平衡体制已产生完美的平衡。实践的结果是法律常常一无所成。我们有太多的法律汇编,但却有太少的法律付诸实施。19 世纪末,在我们复杂的城市化社会里对此状况的反感已经达到令人如此难以忍受程度,以致所受各种限制最小、执行最有效率的管理委员会获得了广泛的权力,这种情况几乎已经威胁到光辉正义的时期。

在美国司法程序中,清教对治安法官的戒备更为显著。它已和 19 世纪上半叶拓荒者精神、乡村社会思想融为一体,使司法业务管理与行政管理相似。不止一个州的法规汇编以及实施细则都有意在规范法官进入法庭之后的每一个行为。显然,理想的法官被设计为一台纯粹的机器。作为一个凡人并受原罪所累,他不能有任何自由活动的余地。严格、固定的证据规则,一系列复审法庭对诉讼活动各个细节严加审查,必然可制约法官。在许多州,法官不得对陪审团有实质性的指责;他必须依照抽象法律的学术性措辞所表达的主张来接受或拒受书面的请求。他不能因对当事人一方有偏见而出错(不管实际上有无偏见)。虽然过去 20 年来,可以看出已有一种稳步运动,背离这种程序的出现,但在新英格兰的多个西部社区,清教思想保持原有影响持久不衰。丹宁曾经指出,在美国,清教能把在英国仅有的抽象意识的思想付诸实践。因此,除了属于上个世纪的着金黄色镶边、红色外套并设有警戒线的司法礼仪的形式主义外,我们美国还有司法审判机制,用来抑制法官个性,并在一定程度上限制了法律程序本身。

很明显,在本世纪初,我们的法律制度需要淡化个人主义色彩。普通法绝不可能强制现代世界削足适履*而继续下去。

---

* Procustes:普罗克拉斯提斯,希腊神话中一个开黑店的强盗,传说他抢劫受害者之后,使个儿高者睡短床,斩去身体伸出的部分;使个儿矮者睡长床,强拉其身与床齐。——译者注

应该认识到,我们要的是淡化而非抛弃我们传统中的清教主义所起作用的因素。在这一点上,我将力图表明这一因素在未来法律发展中的意义。但现在,我们必须坚持限制其范围。如果我们认识到它不是法理学的基本原则,而是另外发挥作用并与美国立法机关相对立的清教主义传统原则,我们就可以减轻我们对立法的敌意,并且,即使有损于我们对法律传统的尊崇,也要心甘情愿地允许立法者考虑社会生活的要求,在法律中系统地阐明拥挤的城市工业化的社区的要求,甚至阐明废止我们传统法律的部分。我们可以自愿承认依附于英国上议院议长(英国大法官)的勇于保护人民的气质,免受彼此争诉之苦。我们可以赋予治安法官必要的权力,以应付具体案件紧急的司法要求;我们应该相信法官能够诚实公正地使用自由裁量权,否则审判总是拖沓、昂贵,令人不满。应当永远记住,正义总是存在于个别的案件中。如果司法机关不能高效率、低成本地运作,在交由它处理的具体诉讼中不能有效发挥作用,那么就谈不上任何实践和理论的完善。最重要的是,我们应把程序放在法律制度中的适当的位置上。

在巴拉克拉瓦战役中,英国哨兵十分惊讶地看到敌人已经逼近,急忙警告其战友。而在他们看到附近的敌人之前,俄军已向其主力部队发起了进攻。一位军事史学家论及此事时说,这种惊慌归因于对哨兵进行的过分的日常训练和纪律约束,这些约束摧毁了所有的主动性,并使哨兵们相信:当他们服从于他们在兵营或阅兵场站岗时被灌输的规则时,他们就已尽到全部责任。这位历史学家继续评论说:这些规则使人丧失才智,又不能使人敏锐。

为了维护法庭的尊严,提高审判的效率,保证治安法官恪守法定权限，使法官获益于过去累积的经验，法定的诉讼程式必不可少。但它们毕竟只是手段而非目的。为了最大限度的个人自主和最少限度的司法行政官的行为，清教使它们成了目的。持续这种态度则违反时代的精神和现代工业社会的利益。

第三章　司法权与王权

1612 年 11 月 10 日，在一个难忘的星期日上午，应坎特布雷大主教的奏请，詹姆士一世国王召见了英格兰的法官们。这就是著名的“星期日上午会议”。看来，这个高级委员会，即原来专司宗教事务的教会法院，现在已经将其管辖范围扩张到世俗的刑事案件。教会法院不仅对普通法一无所知，而且不依任何既定法律和成规，不遵从任何控诉便对案件进行审判。因此，在它试图仅凭一纸完全世俗性质的诉状而派其随员进入被告的住宅并对其实施拘捕时，高等民诉法庭颁发了禁止令，取缔其诉讼行为。为了适应司法上强调的法律至上原则，一些人建议国王按自己的意愿收回案件的审判权，由国王亲自审决。这次“星期日上午会议”的主题就是针对这一建议征求法官们的意见。坎特布雷大主教在会上继续鼓吹王权至上，他认为，法官只是国王的代表，国王认为有必要时，把本由自己决断的案件授权给法官们处理。十分明显，如果不是从法律上而是从神学上看毫无疑问，因为在《圣经》中上帝的圣谕已经明确体现，是不言而喻的。针对这一论调，大法官爱德华·柯克（Coke）代表法官们给予有力回击。他说：根据英格兰法律，国王无权审理任何案件，所有案件无论民事或刑事，皆应依照法律和国家惯例交由法院审理。

“但是”，国王说，“朕认为法律以理性为本，朕和其他人与法官一样有理性”。

“陛下所言极是”，柯克回答，“上帝恩赐陛下以丰富的知识和非凡的天资，但微臣认为陛下对英王国的法律并不熟悉，而这些涉及臣民的生命、继承权、财产等的案件并不是按天赋理性（natural reason）来决定的，而是按人为理性（artificial reason）和法律判决的。法律是一门艺术，它需经长期的学习和实践才能掌握，在未达到这一水平前，任何人都不能从事案件的审判工作”。

詹姆士一世恼羞成怒，他说：按这种说法，他应屈于法律之下，这是大逆不道的犯上行为。柯克引用布莱克顿（Bracton）的名言说：“国王不应服从任何人，但应服从上帝和法律。”像这样辩论激烈的会议持续了数次，柯克因力主非法官不能审案而终被解职。

1787 年，罗德岛州议会既规定该州所使用的纸币面值为 100,000 英镑之后，又规定凡在商品交易中拒收这种纸币或在与金银币的比较中歧视纸币的，都应受罚；与此同时，受到犯此罪的控告案犯由初等法院法官而不设陪审团审理，即简易诉讼而不享有诉讼延期权和上诉权。一个叫威登的人被指控违反了上述法规而受到审理,他极力反对这种脱离高等法院监督的特别法庭。他认为,不设立陪审团对他的审判是违反州宪法的,因而上述法规无效。这一主张为法官们采纳。1787 年 9 月的最后一个星期一,正像柯克大法官和他的同仁们被詹姆士一世在议会召见一样,罗德岛州的议会也就此案召见了诸位法官。其中两名法官就此案进行了高超而极有说服力的辩论。他们认为,法官们不能在该法律的强制下,未经陪审团参与审理即将公民送进监狱,因为陪审制度是由州的最高法律——州宪法所确定的,议会自身就是按宪法设立的。然而,议会一致未受法官们提出的理由所说服,反而提出了解除法官们职务的动议,该动议毫无疑问获得通过。不幸的是,宪法对这种蓄意弹劾并未作出周密规定。类似这样的事情,在其他许多州也时有发生。

20 世纪,罢免运动(recall)的兴起要求法官向权力当局述职。鉴于各级法院的法官们都把联邦和州宪法中的民权宣言作为最高法律来遵从,因此,国民强烈要求召唤法官们,决定他们办案不佳的理由,并免除他们的职务。这一选择性的主张是国民开始直接判案,正如詹姆士一世所追求的那样。

从多种意义上讲,这里有极相似之处。17 世纪,王权至上的观点被视为进步的表现。人们总把国王奉为社会利益的保护神而希望授予其自由专断权,并幻想着国王能仁慈地行使这一生杀大权为大众谋福利。故而他们对律师们创制用以约束王权的腐朽发霉的如《大宪章》之类的文稿极为仇视。在他们看来,国王的意志就是法律的依据,法官仅仅作为国王的代表来行使审判权,所以不管国王何时因何事而作出的决定,法院有义务不折不扣地遵守执行。18 世纪,政治的重心从王权转移至议会,议会被视为最高权力者,它所制定的任何法律,法院都必须遵照执行。时至 19 世纪末,政治的重心又转移到多数或被选的多数派,他们考虑的是多数派和能战斗的少数派,因而被当做公众福祉的救星。应赋予他们专断权,以便其能忠实地行使这一权力为社会谋福利。因此,在他们眼里,国王受到律师们从 18 世纪民权宣言中发现的那些陈旧的先例和过时的法律制约深为愤恨。他们甚至深信,法官只是代表人民行使审判权。因此,这表明他们是多数人和整体的代表,来维护行使政府权力。他们一再坚持认为这是国家统治机构的意志,不管何时何事,都应成为法官们的根本指针和援引的直接依据。

普通法对待国王、议会和全体选民的多数派是一视同仁的,它只在法律所确认它们作为至上的范围之内遵从以上三者的意志,但他们要接受这样的警示:你们只能在上帝和法律之下来统治这个世界！一旦宪法对权力进行了限制或者对其行使规定了一定程序,那么普通法院将拒绝执行超越这些限制的任何行为。普通法院的这一态度在法理上称为“法律至上原则”。这一原则滥觞于封建思想的君主与臣民的权利义务关系。从历史角度考察,这早已蕴含于日耳曼法的基本理念之中。从哲学角度考察,这是一个统治者及相关机构应依据的原则行事的原理而不是专断意志、是依据理性而不是随意决断。随着“遵循先例原则”“陪审团审判原则”和“法律至上原则”成为盎格鲁—美利坚法系三大富有特色的法律制度,在历经 16 世纪和 17 世纪的法庭与王权之争后,这一制度最终得以确立。因此,我们应探求以下三个问题:一是什么原因导致了这场争论？二是这场争论对普通法传统有何影响？尤其是,它对 19 世纪极度扩张的个人主义有何意义？三是法律至上原则对未来的法律将产生什么影响？

休斯勒曾说过，中世纪日耳曼的法律典籍，通篇表达的观点是：法——“人们对上帝所创造的公正和真理的一种追求”。任何武断意志都是与法不可相容的。赋予国王的意志具有法律效力的观念起源于古罗马，确切地说，源自拜占庭。而日耳曼关于法的观念被布莱克顿表述为：“国王是在上帝和法律之下”。日耳曼政体始终要求宪法至上并排斥个人意志。同时，它还构想：权力执行人须对其行为的合法性负责。或许这种极端的例证我们在《萨利克法》* 中就可发现。该法规定，债权人为获得公正而对债务人提出指控时，若其指控的罪状因缺乏充分理由或证据而不能成立，那么债权人应当偿命，或者缴纳赎罪金以换得性命。倘若债权人的指控超越了法律规定的应执行范围，其亦难逃偿命或赎罪金赎命等承担责任的厄运。但是，日耳曼的这种观念仅在英格兰得到发展而成为公法的基础。因此，建立强大的中央法院主要目的在于行使英格兰王国的普遍惯例，国王享有强有力的中央行政权力以及其对臣民早期规定的封建的义务，主要给英格兰行使政府权力的统治者的法律义务和责任的法律原理演进提供唯一良机。

法律至上原则在爱德华三世统治时期的两个案例中获得充分的体现。

1338 年，一皇家税务官扣押了一头牛，从而引起动产返还之诉。看来，此税务官未取得蜡封令状，原告对税务官的答辩表示异议，所以法院对原告作出胜诉的判决。众所周知，在英

---

* 最早的蛮族法典，形成于公元 6 世纪，是萨利克法兰克人的古代基本法典。——译者注

王国,未获得特别令状许可,任何人无权向臣民征收皇家税,无权扣押臣民的财产。据此,王室法院于次年给纳尔福的雷金纳德及其他强制扣押臣民财产者判罪并颁发"催告被告出庭令状"。

一位郡司法行政官针对令状辩称,他收到一封盖有国王印鉴的信件,信中写明国王已经赦免了被告,并命令他不得做有损该被告利益之行为。据此,该司法行政官未履行王室法院的令状。但其理由未被法院采纳。法院认为,该司法行政官以一封国王的私人信件为由为自己拒绝执行王室法院令状的行为辩解是不能成立的。其后,法院对该司法行政官作出了处罚,同时发布新令状宣布被告仍为不法。换言之,即使英格兰国王爱德华三世可以赦免罪犯,但他却不能命令一位司法行政官违抗律令。否则,纵然司法行政官遵从了圣旨,却不能以此为理由来为自己的违法行为辩护。当他以国王的身份作出一定行为时,那么他的所作所为即是法律。但如果他像爱德华(金雀花王朝)凭一封私人信件,以私人身份作出一定行为时,则不得干预在整个王国具有普遍约束力的正当法律程序。以上两个案例中已指出主要问题是一定的形式。假若税务官具有正当形式的令状;假若爱德华三世以法定的形式来赦免纳尔福的雷金纳德一类的人,那么就不会节外生枝。但这里又不仅是个形式问题。在成文法时代,如果要令国王及其代理人的行为具有正当形式,同时其行为具有法律效力,那么,必使其行为仅限于法定权限范围之内行使这一要求是要走的第一步。

一个世纪以后的福蒂斯丘(Fortescue)对英国法大加赞美时写道,他可武断地认为,英国的国王权不是君主性质的,而是政治性的。因为国王可以依个人意志而决定法律的创新和交替,并依自己的选择来决定是否向臣民课征税赋。王权不是爱德华或亨利的私有之物,它归属于英国国王的政治政府,它只能在已经建立的英国法律和习惯的约束范围内行使。在此宽阔范围内,这一原则立即要求国王的各种行为必须获得法院认可,才具有法律效力。

中世纪的普通法视国王为“一国之父”,这种模式正如我们今天把国家作为社会福祉的保护神一样。以封建的观点看,国王与臣民的关系表现为国王保护臣民福祉和臣民效忠于国王。国王承担着保护社会福祉的责任,同时他掌握和运用着与我们现代极为类似的警察权力,但这一权力受普通法基本原则和国内法的约束。基本法律准则已将国王的特权作了一定限制,以防止其剥夺和侵害任何人的天赋人权。但不久,这一保护社会福祉的王权很自然地与这一原则相冲突。有几个例子值得重温。亨利四世为限制外国人和外籍居民带进伦敦的羊毛布料和帆布,允准对卖主和买主每成交一匹布各征收一便士。法官们认为,这一行为不但没有造福民众,反而加重臣民负担,使其臣民受压陷入困境而没有好处,故该特许收费许可无效。另外,亨利六世国王授予在伦敦的染布公司一项可对使用有毒染剂的行为进行调查的重要权力,并有权对发现的有毒染剂实施查封、扣押和没收。法官们认为该项授权违反了关于未经审理和听取当事人陈述不得以权力特许状剥夺任何人财产权的国内法律规定。由于从亨利四世至伊丽莎白女王的各个时期这类案例经常发生,同时国王都竭尽全力通过王权来实现社会财富的增长,保障社会福祉,而法院则一贯坚持王权须依既定法律在法定的权限范围内行使。所以,普通法的范畴与王权至上观念的冲突不断。这一严峻的冲突与现代普通法和多数派特权的斗争有相同之处,但也存在显著差异。在斯图亚特王朝以前的国王与法院之争中,法院是通过防止滥用那些本用于增强社会福祉的权力,以达到保护社会利益之目的;但自19世纪以来,我们不难发现法院已经背离这一模式,转而考虑保证确定个人利益的范畴以实施社会控制来保障社会福祉。普通法精神的这一转折的根本原因是:其一,都铎王朝和斯图亚特王朝时代,法院与国王的斗争已经发展到政治性阶段;其二,该转变深受18世纪的政治和司法理论的影响。

追溯法律至上原则进一步扩充的历史渊源,我们可以发现它是伴随着中世纪世俗与宗教司法管辖权的分野观念,以及世俗权力对宗教事务范畴的完全无能而产生的。法律至上原则这一主张如此重要致使中世纪的法官们深信,世俗的执法行为和法律制定应考虑覆盖宗教事务之“禁区”,尽管今天的法官们嘲笑地对待一名英国不动产转让律师提出的这样一项法规主张:“法律应规定,国王的忠实臣民在每年4月可以不带雨伞自由自在地在任何大街小巷闲逛而不被雨淋湿。”因此,在亨利七世统治时期,高等民事法院的多数法官却毫不迟疑地规定议会决定将外国修道院的土地收归国王所有的行为无效,收回教会的土地并不能使国王成为一位牧师。未经主教的认可,任何世俗的行为都不可能令国王变为一名牧师。换言之,在所有的国家和一切权力领域都存在一个共同遵循的基本准则,即世俗权力与宗教权力的分离。只要背离这一准则,即使是议会的行为也会遭到反对。时值宗教改革时期*,世俗权力已占上风,法院的这类判决似乎维护这一原则:任何当权者,无论是国

* 指欧洲16世纪宗教改革,新教成立。——译者注

王还是议会、教徒，其行为都必须限制在立法者的权力不能更改的理性和权利等基本原则所确定的所有体制规定的范围之内。法律环境即是如此：英国新政治运动要求普通法为其生存而战，并对王权行为裁断效力赋予政治含义，同时决断王权行为是否真实。

16 世纪中叶的英国普通法院为竭力适应英国宗教改革的需要，首先通过一部封建的财产法和刑法，旨在取代昔日未开化地区的以自力救助为主要救济方式的野蛮而陈腐的公正观念。英普通法院正如在 19 世纪上半叶为拓荒者和农民社会的发展起来的美国法院所处地位，以一系列法律和制度，来适应这类社会的需要。此外，尽管自由化时代已经到来，但严格遵循法律含义和规定格式的严格法时代仍在延续。衡平与自然法的时代已经到来，这是一个在法律制度之外发展的纯粹道德观念浸润的阶段，这个自由化时代，法律受到各种观念的影响，总是有一段时间远离法律倾向不依法审判的短暂恢复过程。

在此时期，值得信赖的公正途径似乎只是治安法官的权力。自从政府专制权力成为摆脱严格法律束缚的唯一途径后，专制就达到登峰造极的地步。英国这段历史与我们今天美国历史上法律发展的某些阶段有诸多共同之处，自由化运动及其他社会科学观念对法律的影响导致行政审判甚至议会审判的复活，促使整个社会远离法律和法庭，而恢复不依法审判，都依赖于专制的政府权力。

因此，16 世纪中叶，法学家们开始抱怨普通法被搁置一旁。王室普通法院已历经三百年历史，它为法律的形成和对国王权力限制功不可没，但这一法院越来越普通得无关紧要。然而，法律却在另一种法院（大陆法系）和普通法法律工作者以外的另一些法律工作者手中已成时尚。梅特兰告诉我们:“(在我们的法律制度中)刑事案件具有重要的政治色彩;在民事案件中,以二个或三个民法专家所进行的审查相威胁已成为诉讼程序中的正常现象”,这种“活法”(living law)似乎已经制定并被适用于王室法庭、星室法院、权力请求法院、大法官法院,以及罗马的法院系统,更重要的是采取简易程序。那些看来本适用于普通法院的司法审判被行政官员或行政法院掌握和适用的行政审判所取代。也就是说,(大陆法系)存在依法审判和不依法审判的情况。这一点与美国近来所出现的摆脱普通法法院的倾向不约而同。取代司法行政官员必须在法律规定的权限内,严格依照国家约定俗成的方式行事这一境况,人们寻求着一位忠实的公众福祉的保护者,他应有权在保护公共利益范围内按自己的判断酌情处理问题;取代慎重的审判法庭必须依法定原则和既定程序作出判决的要求,人们倾向于选择行政法院。因为这种法院是由行政官员依普通利益和公平的要求,形成一种理念不受多种规则之阻碍来调整个人与他人之间以及个人与国家之间的关系。

与行政专制主义运动进行勇敢斗争的使命是由普通法院进行的,并以古老的法律获得胜利而告终。大法官法院是都铎和斯图亚特王朝时期的唯一罗马化的法院,但它沿着普通法的途径逐渐转变而存续,以致最后演变成为一个普通的英国法院。同时,那些罗马化的法院在审判实践中逐渐形成的原则被融入制定法,同时也为普通法体系所吸收。法律获得了自由,但它仍是普通法。在这场斗争中,普通法所运用的主要武器,也是斗争的焦点,那就是法律至上原则。因此,这场斗争的胜利的成果使这一原则成为我们法律传统中的基石,更为重要的是,胜利赋予这一原则以新的适用范围和新的精神。此后,法律至上原则的适用范围大大拓展,成为限制一切统治权力,而不依赖于现实法律存在的最明确的原则。同时,个人主义成为法律至上原则的精神,普通法的实施及普通法法院的设置目的在于保护个体利益,防止来自国家和社会的强权的侵犯。因此,这正是在个人和国家压制行为之间普通法和普通法院坚持履行职能的原则。我们法制史上那次詹姆士一世和法官之间的光辉的"星期日上午会议"在19世纪将英国的政治引向"符宪性原则"。尽管这"符宪性原则"曾一度使一个强悍的垄断者向人们的脸上挥舞着拳头,公然向法律和审判制度挑衅,在上个世纪它时时导致法律身披"盔甲",立于自然人和法人面前。人们需要的不是防御,但从它的"保护伞"下脱离出来,却要损害社会。

下面让我们进一步来阐释"法律至上原则"适用范围的扩大和精神的变化。

前已提及,在亨利七世统治时期,法院已加强抵制议会区分普通司法管辖与宗教司法管辖的中世纪教条的做法。这种决定对普通法与斯图亚特王朝斗争的柯克来说,确立了法院行使管辖权的基本原则,既然法院执行法律而且所执行的是理性之法,那么,它就不仅仅约束一切私人和政府官员,也对真正的王权本身加以约束。通过拒绝承认超越这种约束的王权行为或令状或使其无效来确保其在理性约束范围。对此,柯克曾大胆地提出"如果议会的行为背离普通法上的权利和理性,那么普通法应对这一行为进行监督控制,并可宣判它无效"。然而,"英国1688年事件"确立了"议会至上"原则,柯克的主张落空。但是在美国,人们对英国殖民地法律是否符合宪章,适用于成文宪法以及权利宣言等的经历的反思最终把我们引向实施法律至上的逻辑范围，并真正摆脱原有局限，特别采纳了柯克的权利和理性作为约束议会的基本原则思想。

18 世纪的自然法思想以及 17 世纪英国人的法律权利的设定观念与构成和 18 世纪法律和政治思想为主要内容的天赋人权观念如出一辙，它们共同为柯克的法律至上理念的流行和发展创造了条件。在法院首次审理宪法议题时，法官们所读到的柯克第二本《法理概要》（注：主要对大宪章和其他中世纪以及后期的成文法的评论）及其关于"博纳姆案"（Bonham's Case）的报告，只不过是法国和荷兰的公法学家们关于永恒的自然法思想的普通法版本而已。这些自然法思想是人类一切法律的尺度，只有公告的，才具有法律效力。因此，当我们论及限制自由政府观念时必须遵循宪法及《权利宣言》规定的原则，于是，不仅对《权利宣言》的本文而且对那些已经公布的既定的基本原则常常思考已是惯常之事。因此，法官们在 19 世纪末所频繁执行的不是《权利宣言》，而是那个世纪的史学和法哲学上的个人主义原则以及古典经济学理论。

另外，如前所述，鉴于法律至上原则作为约束包括王权在内的基本原则，它是从 17 世纪法庭与国王之争以及 18 世纪的政治学说之中渐渐发展而来的，所以，它被作为为保护个体及其利益以防止国家和社会侵害而存在。假定抽象个人是一切事物的中心，国家存在的目的是保护个人利益，建立法院和法律的功用是保护个人及其应有权利，防止其功能转为压迫人民和剥夺个人权利的机器。要真正了解这一孕育于盎格鲁—美利坚法律传统的思想的真谛，我们必须对主权思想的历史作短暂的回顾。

在罗马政体中,立法权属于罗马人民(*populus Romanus*),司法行政官掌握着对城民们的司法行政权,这一权力从名称到内涵都综合了古罗马城邦司法行政官的民事和军事两方面的职能。为确保战时和和平时期的社会秩序,司法行政官拥有命令和指挥权。后来,皇帝又授予其行政和军事两方面的权力。人们授予他终身立法权并使其成为司法行政官。因此,在拜占庭时期,有组织政治社会的全部立法权和强制权均被集中的主权观念通过查士丁尼的法学著作传给现代社会。

司法行政权和财产所有权本分属司法行政官和所有者的两种不同的权力,但在中世纪已融为一体。大地主即该地方的统治者,他集该属地行政长官和法官于一身。国王是全国土地的所有者同时又是司法权的主宰。与拜占庭时代的主权观念相比,日耳曼统治时代的权利义务观念中,皇帝的所有权其本质更像司法行政。

随着封建主义的土崩瓦解,国家中央集权逐步取代封建贵族地方割据,而且在宗教改革时期,伴随着对统治者的消极守法思想而产生的民族主义观念正如文艺复兴和人文主义运动的结果一样,为更加科学和深入地研究罗马法注入了新的意义。在法国,有关这类论述颇有影响,同时还有许多类似于拜占庭皇帝的东西产生。英国的都铎和斯图亚特王朝,亦有与法国同样的情形。在整个西欧,人们认为主权意识是一种来自外界的控制力,它超越于社会之外,并凌驾于社会之上,它由组成社会的个体通过签订契约的方式来制约每个人都应遵从,或如应绝对服从的神权一样。这种蕴含着互为权利义务关系的观念在西欧迅速取代了源于日耳曼和封建土地所有制的庇护与效忠关系观念。当以上观念战胜"统治者即拜占庭国王"的思想时,这一统治者就一定具有法律强制力。从各国的情况看,法律并非是根本性或永恒性的东西,它是这个国家或那个国家的意志;是这个统治者或那个统治者的命令。无论统治者的道义责任是什么,他们都不受法律约束。因为他们只在上帝支配下进行统治,即使他们制定法律,也不可能根据法律进行统治。因此,法即意志的观念与法即理性的观念开始了旷日持久的冲突。

伴随着封建国王与臣民关系理论和日耳曼法律至上原则的普通法与产生于法国拜占庭时期新的主权观念发生冲突时,普通法不得不在司法实践中宣称统治者对臣民具有法律义务,在其上面或在其背后均有他们无法改变并作为判断他们行为尺度的法律,这些法律立于臣民或市民与强大的统治权之间,迫使统治者必须承认人们的天赋权利,将永恒和亘古不变的法则归还给人们,或者承认社会契约的全部条款,正是依据这一社会契约人们向政府授予主权,因此要政府也应承担保护人们的自然权利。在"光荣革命"时期,一些国家继承了"议会主权"的衣钵。他们认为这种体制是"拜占庭式的主权",而非封建主义的。而且他们常为被他们拥立的君主担心,虽然这些君主是由他们大多数人选出的不稳定的主体,故通过权利宣言,人们一方面坚持主权本身不受约束和控制的政治理论,另一方面又千方百计寻求对行使主权的权力人的行为进行法律限制。这两种无法统一的理论的折衷必然迟早会导致法院与人民之间的冲突。20 世纪前十年,这一种冲突已成现实。冲突的双方,一方有多大的权利,则另一方就会犯多大的错误。

对此,克罗瑟斯(Crothers)博士评论说:"这是一个很棘手的事情,与顽固不化的理论相比,人们像个毫无经验的婴儿",

法院与人民之间的冲突不是理论与事实的冲突，而是两个同样顽固的理论之间的矛盾。它是司法理论和政治学说二者在“法是什么，它从何而来，其强制力缘何而得”等问题上的矛盾。

这两种学说都是从 17 世纪和 18 世纪的法律和政治中发展起来的。对此，笔者将在后文中详述其二者的冲突。如果在这里所说的如同我在另一场合所阐明的就足以说明：如果由柯克创立的在 18 世纪获得发展的古典司法理论没有生命力，那么它就必然被法官们抛弃；如果由 16 世纪、17 世纪的政治家们创立的在 18 世纪的专权政府时代发展起来的古典政治理论站不住脚，那么同样也必然会抛弃。诚然，法国人曾经极力主张并极大促进过主权理论的发展，但如今，它开始渐渐放弃这一理论，并极力主张主权不是来自外界的强力，而是来自其内部的公共服务。若不过分夸张并全面地理解 17 世纪、18 世纪的自然法理论，我们可以发现法律至上原则完全符合这样一个观念，即公共服务理论。公共服务，无论它是来自铁路公司、市政公司或是国家，它都只是手段，而非目的。以上任何一种情形下，公共服务都不能屈从于执行者的专断意志。无论哪种情形，全面保障中的社会利益都必须由理性来支配和调整。必须遵守一种超脱于各种争论，能平衡有关各方利益原则和标准。在坚持法律至上原则时，普通法没有必要把绝对的个人利益问题与公众意志对立起来。

当然，因反对那种最迫切而未经考虑的短暂利益，并认为那种利益不受理性制约，还特别可靠而不受影响，所以坚持最终和最重要的社会利益才是它的一种真正主张。

在都铎与斯图亚特王朝两个时期，法院与国王的斗争孕育了法律至上原则，对此我们作过不止一次的比较，如今，法院与多数派(majorities or pluralities)之间的斗争却有抛弃这一原则的趋势。使其还多点保留,那绝非毫无意义。此时,不受限制的立法思想由于绝对主权理论的勃兴和接受对拜占庭“皇帝的意志具有法律的强制力”原则而处于主导地位。一个坚持根本不同的唯心主义法律观的时期已经到来。我们的法律和欧洲大陆的法律在 17 世纪和 18 世纪获得自由化和现代化,但这成绩并不是立法和任何主权者意志实现的结果,而是由所有的法律规则及法律机构都以理性为尺度的这样一个法律原则直接导致。任何事物都不能坚持无理性法律。所以时至今日,当法即民意这一理念在政治思想界风行时,唯心主义法律观也在发展。欧洲大陆法系的法学家们正在精心撰写精彩的文章来论述自然法。而在美国,法哲学复兴的时代已经开始,并蓄意让法律符合理想的自觉的尝试再次成为法哲学的信念。

这并不意味着法学家们正回归 18 世纪的概念,即普通有效的且放之四海而皆准的基本法律原则,由此通过纯粹逻辑推理就能创造一套完善的法规。法学家所意欲从事的是寻觅属于那个时代的理想,并使其作为我们现在的导向。他们在探寻科勒(Kohler)* 称之的那个文明时代的法律假设(jural postulate)原理。但他们不愿放弃各种职能,也不愿承认法庭和律师除了查明和解释眼下多数派的意愿之外,而别无其他可做。面对当今复杂的工业社会,对法律至上原则所涉及的“法律万能”(juristic superfluity)不可能与历史学派的霸权或“法律无用论”概念以及实证法学派所主张的“法律虚无论”的命运

* 德国法学家,比较法学史的先驱,在其《法哲学教科书》中提出了文明法制的基本要求。——译者注

一样。人们并不是一出生就具有通过法官对纠纷的审理与判决可能获得法律原则的直觉能力。

司法行政并不是每个人都能胜任的轻松活，由普通人直接来执法或直接操纵审判过程就像由普通人直接行医或控制治疗过程、由普通人指挥军队、控制军事专门技术一样，都是不大可能的。学习过去的经验并结合相关问题进行科学的分析理解是达到所追求的目的的途径，同时只有通过特殊的学习和训练，可以掌握一门专门的技术知识体系并获得必然成果。这就是当年柯克回答詹姆士一世的精辟言论中的真谛。在法制史上，每一个试图追溯到“审不需法”的人都无一不接受“星期日早上会议”上英国法官们给詹姆士一世所上的那一课。在我们的国度里，我们都应已明白，在“光荣革命”后的一段时期，那些对律师们的令人痛苦的敌视，以及破除职业传统以便使不称职的未经训练的人趁机混入法院任职和降低法官地位的恶意企图，结果却使律师成为社会的领袖，并确定了普通法基本原则在宪法中的应有地位。

鉴于此，我们可以断言，通过普通法与都铎和斯图亚特王朝斗争而建立起来的法律至上原则将永不磨灭。我们可以坚信，我们所拥有的不仅仅是反映民众意志的法律，而且反映了适用于个人与个人之间以及个人与国家之间关系的理性的法律。我们还可以坚信，在这个即将到来的法律发展新时期，如同在法律史时期一样对过去的法律资料进行研究，并使其具有推陈出新的观念。我们有理由预言，这项研究以权利、公平和在法律符合理想的哲学理论指导下进行。这一时期将是科学的法律时期，这些法律如不是由法官造法，则是由经一些学院造就的律师们来制定，而且不再是建立于任何统治者的圣谕基础之上的专制法律。因为,视法为人民意志的观念属于过去的特定时代,那个时代具有完善和稳定的体制,以稳定和安全为唯一目的。纵观法的历史,我们可以发现,凡是强权意识盛极之时,法律总是处于低谷,法是在司法实践中得到生存和发展的。自然权利、正义、公平和效益观念已经促使法律的新生,同时也导致它成为衡量一切规范、原则和标准的尺度,而不是靠强制观念和被奉为一切权力之源的统治者意志观念作为准则。在美国,试图把司法职务缩减为纯粹外界强加的应用法规机制功能,还把这一职务视为公众某一时的意志的代言人都是与时代的发展不合拍的。

第四章　英国人的权利和人类的权利

原始法之目的在于维持和平。法律秩序就是不惜一切代价换得的和平秩序。所以任何为避免和防止私人复仇和私人诉诸武力而采取的措施都成为司法手段。起初,法律只不过是和平调处纷争的规则体系。因此,首先意图是向受害人提供补偿以取代复仇。可见,现代法考虑的是对受害人的补偿,而原始法则注重于对复仇动机的抑制。最早的罗马法规定给侮辱他人者施以人身惩罚;最早的盎格鲁—撒克逊法规定给那些因伤害受嘲弄而报仇心切者以加倍的补偿;而萨利克法则对法兰克人更多的限制,要求他们习惯于自己纠正错误,这与几代受到培育而将纷争诉诸法庭的罗马人相比,则大相径庭。

古希腊哲学和罗马法不久就超越了这个

原始法的最初观念，取而代之的是视法律秩序为维护社会现状的观念；使每个人都安于既定习惯，以此预防与一些人产生只能用旧概念去缓解的纠纷。所以，在柏拉图的《理想国》中，社会的每一成员都被安排在最适合他的阶层，并通过法律加以确认。因此，它蕴含着："在这社会里，国家和每一个人都呈现十分和睦与团结的氛围。"

亚里士多德亦认为权利就是为法律所保护的利益，它只有自由和平等的人才能拥有。法律首先考虑的是因每个人根据其价值而获得待遇的不平等之关系。因此，法律要使每个人都处于并保持适当地位，同时，在平等人之间要维持和谐，避免侵犯相互间的权利。圣·保罗曾有一段著名的劝谕，他号召人们履行属于其本身阶层之内自己的职责。言中之意表达了这一相同观点。

古罗马的法律天才们则将"维持社会现状的司法观念"付诸实践，他们把维护社会现状的司法观念作为国家的职权，并确认和保护在他们的集体中的行为权力和利益使其具有个体的法律人格。正如在查士丁尼《法学阶梯》中所规定的法律的三项原则：为人诚实，不损害他人，待人公平。但什么是别人不得损害的利益？公平待人构成的要素又是什么？这些问题时时困扰着传统的和有权威的社会组织。换言之，我们不难发现，这里具有法律制度的目的的希腊概念，就是那种旨在和谐地维护社会秩序。

中世纪，日耳曼法曾一度回到只是维持和平的原始法观念和避免复仇、偿还税金以及家族间、私人间械斗的原始制度。但随着查士丁尼和亚里士多德在法学和哲学上的权威观念被渐渐接受，公平的观念已让位于古典的"保持社会现状"思想。

因为实际上，在这一观念的背后所隐含的不仅是亚里士多德和罗马法，而且是一种比《圣经》经文更为有力的权威。所以，在中世纪如在古代一样，“维持社会现状工具论”思想渐渐取代了“维持和平的工具论”思想。法律目的概念直至宗教改革前都未引起任何争议。后来，呼唤理性反对权威导致在哲学、神学、政治学以致最后在法学理论又具有新的观念，作为其结果，法律秩序被视为最大限度地保护个人自我权利主张的手段。这一变化最初产生于哲学领域，旨在支撑理性权威。但关于法律的终极目的的法学理论在中世纪毫无进展，它仅仅通过哲学为发展的新观念开辟了道路。

人们通常都确定将格劳秀斯 1625 年的伟大著作作为法哲学新纪元开始的时代。格劳秀斯和他的追随者们认为这一新的原则包括两方面内容：其一是人的行为受以人性为基础的理性限制的理论；其二是人类固有的道德品质或自然权利是由理性的推论来证明。第一个理论是在格劳秀斯之前就已有人提出，其中尤其以世纪前的西班牙法神学家为典型。他们极力将政治秩序的新概念与法律统一性的旧观念相结合而非以国家颁布的法令作为永恒真理。所以，在创立法律作为普遍和永恒原则的统一体这一观念时，他们想到了对国家进行约束，对国家的行为设置一些不可超越的限制，所以，在国际法中，就可以通过对国家行为的限制来处理国家与国家之间的关系。在政治理论中，就可以通过对国家行为的限制来处理国家与市民之间的关系。在法律理论中，可通过对个人行为的限制来处理个人与个人之间的关系。格劳秀斯以及他的 17 世纪的法理后继者们将理性作为一切义务的尺度。此时，普通法已确立法律至上的原则，同时使原来最大的地主与佃农的封建的权利和义务关系转变为国王与臣民之间的法律权利义务关系。一个对国家、统治者和个人进行基本限制并由永恒理性来支配的国家法律理论已独立产生,并给予科学的解释。

如前所述,格劳秀斯及其后继者将理性作为一切义务的尺度。他们认为,法律存在的终极目的是显示与理性之人的本性相一致,他们革除了那种以权威作为准则而接受了蕴含理性精神并大胆相信其背后没有权威的罗马法。因此他们接受了罗马法的基本准则——不损害他人,平等待人。这就是说,尊重人格,尊重他人已得的权利,即符合理性之人的本性。对此,又产生了几个明显的问题:对他人的损害是什么?人格中有哪些东西会使侵犯构成损害?一个人应有的东西又是由什么构成的呢?格劳秀斯和他的后继者们试图用自然权利理论来作出回答。这一自然权利理论不仅是指和以前一样的自然法和具有永久效力的原则,而且还包括通过理性加以表现和被自然法确认人类固有的某种品质。国家法律应赋予这一品质以法律效力。由此可知,还有在普通法法院与斯图亚特国王的那场斗争中,法院的胜利之时已经确立:在普通法上,英国人有着基本的权利,即使这些权利违背国王的意思,也为法院所保护。当下一世纪提出这一要求时,一个不受各国支配的并探究各国的基本自然权利的法律理论已经自行确立,而且不久还会提供科学解释,该权利理论可以保护并应受保护,国家不能改变和删去这些权利。随着自然的变迁,普通法的限制王权理论演进为对一切权力进行自然限制的理论;普通法中英国人的权利演化为人的自然权利;随着名称的变化,其实质也在发生变化。

为了真正明白这一变化以及由于18世纪末接受该变化而

给我们的法律造成的影响，以及19世纪初我们对这一情况的研究，那么在制定我们的权利宣言和宪法时，我们应对自然权利理论，法与自然权利关系理论、自然法理论以及自然法原则推导出稳定而完善的实证法制度的可能性等进行全面审视。

根据格劳秀斯的定义，权利是指“使人能公正和合理地拥有一定财产和实施一定行为的人固有的品性”。中世纪的观念认为，法的存在目的在于主张该社会体制赋予每个人拥有一定财产和实施一定行为的权力。按格劳秀斯的观念，法律存在的目的是保护和体现因理性所发现的人的固有道德品性，因此，人类应该有支配一定财产和支配一定行为的权利，但是，这个被称为衡平法或自然法的法律自由化时期有一个独特的倾向，那就是认为法律与道德是同义词，只要符合理性，法律所确认的就是合法的。因此，法律所应维护的自然权利体系很快即成为法律所应维护的基本权利，这些法定权利仅仅是被确认的有关权利。

以上观点都有积极的一面。“应该坚持实践的尺度”的观念不仅孕育了国际法，而且用理性作为基础对每一法律原则和每一范畴进行法理检验使欧洲诸国的现行法律走向自由化和现代化。但这些观点也有消极的一面。它混淆了法律应予确认的利益和法律确认应予保护利益的权利，这就成了以后法哲学的隐患。同时，它导致了在已被接受的法学理念作为自然法律秩序的理想发展问题上的绝对主义，以致后来的法律思想和政治思想陷入一场公然的冲突。

法律制度实现其终极目的有三：其一，确认个人、公共和社会的一定利益；其二，对这些应为法律确认和国家强制力保证实施的利益规定范围;其三,对法律已经确认和规定的限制范围的利益进行充分保护。但这些方式本身并不创造利益。18世纪的天赋权利的理论中具有更多的真实性。无疑,社会的进步和政体的发展促进了利益的多样化和复杂化。而这一利益的扩张和增长只是产生于个人与个人之间,个人与社会组织以及团体相互之间的竞争之中,它的产生与法律无关。法律不能促成而只能承认它们。然而,法律并不具备它承认独立存在的利益的唯一功能。在这些利益之中,哪一些法律应该予以确认,应该给这些利益规定范围。鉴于个人的、公共的或社会的其他利益而将对它们实施有效的法律控制,并必须采取多种手段进行保护。我们今天的理论亦是如此。然而 17 世纪和 18 世纪的理论将独立于法律之外的利益和法律创制的法律权利混为一谈,同时又将被法律全部或部分确认的利益与法律所规定的用以保护利益的权利混同。自然权利仅仅意味着我们认为应予保护的利益和应予满足人类提出的需求,诚然,它既不是由法也不是由国家创制的。然而,用完全正确思想把它们作为法律概念看待则是一种致命打击。而法律权利则是用来保护应予以确认的利益的手段,它是法律的职责范围,在这一意义上讲也是国家的工作范畴。自然权利理论和利益与法律权利的混淆造成了个人利益的膨胀,以致近来人们的自然权利变得像至高无上的国家和君主的权利一样专横。

不久,人固有的道德品性理论就渐渐显露出它只适宜于人身利益——每个人的身体和生命权利的可靠保障及其直接相关的利益,而不能成为所谓的财产自然权利——公正的各得其所应得部分,或者我们今天称为物质利益。对此,当时的法学家们竟无一对那时的社会秩序提出质疑。相反,他们认为财产的自然权利毫无问题。他们相信各种取得的财产的安全可靠是首要目的，也包括在当时社会秩序下所取得的财产。与此同时，他们必然看到自然权利与这类权利对一个人的身份之尊严、自由动议和言论自由运动的差异。鉴于此，法学家们只好求助于对合同观念的阐释。

应该铭记的是，这一意义上的合同与罗马的法律上的交易观念密切相关。这是归因于法律产生的法律后果的一种行为。这是 17、18 世纪主要的法律推断，这个法律交易的理念是罗马帝国对于法律的最重要的贡献，而且在贸易商业迅速发展的时代，这种交易行为的法律成为法律体系中极为活跃的因素。这一时期，我们的法学难题是要解决商业与诚信道德观念之间的矛盾。这一诚信观念是伴随着传统的罗马法合同观念将道德注入于法律之中而形成的，当然，这一合同观念已经在我们的法学家们的思想中隐隐约约地闪烁了两个世纪。再者，法律上的交易理论的核心是人的意志，这种意志可以产生可能和合法、允准的结果。与之形成鲜明差异的是，自然法与自然权利理论是与拥有意志的理性之人的品性相一致；因此，关于理性之人如何取得对抗他人的权利似乎已不成问题。诚然，除了借助于合同，如何能使这种方式贯穿法律上的交易？是故，为法律所保护的自然权利的基本原则被作为一种法律上的交易，一个基于所有的社会成员之间的相互权利与相应义务的合同关系就产生了。因此，司法就是尊重和遵守这个合同的条款，法学家和立法者的工作就是发现和解释这些条款。原来以确认个人固有道德品性之效力为唯一的终极目的的法律，现在要按照社会契约条款所规定保护他们的个人财产。

由于当时的法学家们坚信他们在理论上能从人性中推断

出社会契约的所有条款和人类的全部的固有道德品质，所以不仅使18世纪的自然权利体系成为一个封闭、顽固的体系，而且使18世纪的法律理论同样极端。人们相信人性中必然存在法律的基本原则，而且这些原则是可以通过对人性的必然结果进行推断来发现的。因此，人们认为，通过创立一些适用任何人、任何地方、任何时间的普遍有效的原则，并据此为立法者推导出一部完整的法典，为政治家们提供一部完备的宪法和为人们提供一套行之有效的良心导向是完全可能的，而且法学家们已经将其变为现实。通过精心创制权利宣言作为立法永远遵循的普遍原则也同样是可能的。

凭借人的自然权利来鉴别英国人在普通法上的权利，以及凭借永恒的自然法理论来鉴别柯克所力主的基本法，给我们的普通法传统带来两个结果：第一个是赋予了普通法的终极思想内涵因而使之得以流行。因为，当人们对诸如普通法这套理论深信不疑时，那些被视为自然授命实际上来源于以上两种渊源中的一种的普遍原则总是真实可靠的。在社会经济和道德诸问题上，人性往往支配着法学家的个人观念，因为这些问题早已受到教育、结社或集团利益等所安排和规范。在法律问题上，人性支配着法学家熟知并借以发展的大部分法律原则。17世纪、18世纪对于大陆法系的法学家来说，自然法的案件十有八九都是他们所研习的罗马法原则的理想发展；而对于普通法的法律家来说，却是普通法的理想发展。上一代律师们就是靠布莱克斯通思想的培育下成长起来的，研习他的思想模式作为法律教育基本理论。后来，我们历史上的法律成就显示我们法律制度的全部，如果未记载于《年鉴》内，则至少蕴含于16世纪和17世纪的法律判例汇编之中，并且还赋予我们一种以历史基础的自然法。因此,学者和律师们在那些已成为19世纪坚强信念的问题上取得一致,即普通法的基本原则至少是为人性所创立且具普通效力。于是,当律师们谈起法律,他们就必想起这些原则。他们认为,宪法和权利宣言只不过是对这些原则加以宣告,他们解释制定法还须与这些原则相一致,而且强使当代社会立法接受这些原则。当律师们提醒统治者要依上帝旨意和法律来统治拥有主权的人民,他们认为这些原则超过所有的宪法,更远远超过立法法规,这些原则才是衡量国家行为的尺度。但这并不是真正的普通法。普通法是建立在理性而不是专制的概念之上并以此作为衡量行为和判决的尺度。18世纪人们深信已经掌握了一把打开理性之门的钥匙并热衷于制定出永远指引人们前进的哲学的、政治的和法律的"航图"。

通过上个世纪的判例汇编可以发现一些例证,说明"普通法终极主义"观念和"以自然法的基本原则与普通法基本原则"相一致。在著名的判例"弗雷切尔诉佩克"中就是如此。佐治亚州一个正在讨论中的法规,即因欺诈而被起诉的土地许可行为被宣告无效。该案的问题是,双方未对价格进行公示即将土地移交给买方。对此,首席大法官马歇尔认为,除联邦宪法有特别规定外,任何州的立法都不得限制"普遍适用于我们这个自由制度的基本原则"。他这里所称的"基本原则"是指世人所熟知的衡平法将不宣告因欺诈而为的交易有效。因为在这种交易中,因欺诈而取得的财产所有权是未经价格公示而转移至买方的。这一原则是我们体制中衡平法院的历史及衡平与法律的关系作为依托的,离开这个历史,对于近代的思想家来说,它似乎并不是本身可不言而喻的。相同的精神,上个世纪末，禁止受雇人到法庭签订某些合同的立法颁布时，已经发现仅仅基于现代劳工就业需求的事实和根据创立的“自然能力丧失”理论立法机关无资格增加一些新条款。结果，这些“自然能力丧失”理论完全证明其为普通法所确认的。相同的精神，这个世纪一位资深法官在评论“共同雇员原则”(fellow-servant rule)[1]时认为：“这一原则以权利和公正为补偿作为基础，是美国普通法的组成部分。”我们传统的判例法基本思想成为法律科学的基本观念，不仅法学家、立法者、社会学家、犯罪学家、劳工领袖，而且我们的公司法和贸易限制等法规以及商人都肯定对此判例法基本观念也应加以考虑。随着集体主义思想和社会立法时代的到来，冲突是不可避免了。

在法律绝对理论与一个同等的政治绝对理论互相遭遇时，冲突就发生了。由于一方面是作为法的性质的法理论已经完全为18世纪的观念所普遍接受，而另一方面却是一种与普通法的法律和立法理论格格不入的政治理论也在兴起。因为，犹如18世纪的法律理论植根于律师心中一样，被我们称为美国古典政治理论的人民主权理论已经在公众的心中牢牢地扎根。普通民众通过学校，报刊，7月4日的所闻所见和政治演说，以及肖托夸夏季教育集会*等深受这一政治理论的熏陶，他们很少甚至从未听到过对该理论的异议。是故，就像律师们坚信他们的法律理论一样，公众对该政治理论深信不疑。如果律师们向那些不符合他们的法律理论的法律虚无主义发难，那么，广大民众必然向违背他们的政治理论的强权“开火”。

---

〔1〕 fellow-servant rule = fellow servant doctine.

* 肖托夸为纽约西南面的湖名，该湖附近有一肖托夸镇，每年夏季在此举办各种讲座。——译者注

律师们仍坚信法律是绝对永恒而具有普遍效力如同准则一样，法律只能被发现，而不能被创制，而民众则仍深信可以创制法律，而且有权立法；在律师们看来，国家强制执行法律是因为被执行的是法律，而在民众眼里，法之所以为法，是因为反映民众意志的国家使然。对律师来说，法律超越任何意志是至高无上的，而对公众来说，法律只不过是公众意志的系统表述。因此，当律师们认为他们在执行法律时，公众却经常认为律师们在推翻法律。比如，当律师们考虑到普通行为应受全部宪法所规定范围制约，而且只能再次维护法律而非创造法律，但公众却认为自己是所有宪法和规范的创造者，也是这些宪法和规范的内涵和效力的最终判定者。以上这些律师们理论主张与政治理论的冲突削弱了法律的威力。律师们的理论导致他们忽视立法，或是对立法进行重塑甚至扭曲，以适应他们所认定的真正的法之迫切需要。对于不赞同这种理论的人来说，这种行为似乎是专横地凌驾于法律之上。而在这些理论影响下劳作的普通民众则无法知道为什么律师们可以垄断这种实用的特权。而另一方面，公众的"法律完全是人们意志的有意识的产品"理论导致无法满足适用现实于纷争需要的粗糙立法。这两种理论都必须抛弃。

18 世纪理论对普通法传统的第二点影响是强化了个人主义，尽管还有其他充分缘由。从各方面考察，自然权利的这一法学理论实质上是彻头彻尾的个人主义。作为人的固有道德品性理论，是基于单个的抽象的个人之品性中推导而来的，而作为一个权利理论，是以社会契约为基础。该理论认为自然权利作为个人权利参与社会契约，除此之外可能没有法律，而且只有法律才能保护，别无他法。无论从哪个角度看，法律存在之目的在于保护个人利益。〔2〕 因此,美国人于18世纪末对英国人的权利与自然权利理论进行了论争。1774年大陆会议的《权利宣言》宣布了英国人的法定权利,1776年的《独立宣言》宣布了所有人的自然权利。它们所宣布的基本上是同一件事情。随后普通法便被视为赋予个人自然权利的法律效力的体制。它存在的目的是保护个人利益,不仅要抵制来自其他人的侵害,而且还要抵制来自国家和社会的任意侵犯。由此,自然权利宣言与普通法宣言一样是同一范畴,这在19世纪关于契约自由的司法讨论中是一种很出色的观点。例如,某一法官在评定一项反对在棉花加工厂内罚款的法规,称此制定法违反"基本权利",是违宪的,即使其颁布未被明确禁止,亦属无效。还有一个法官声称,自然人取得契约权并不源于法律,所以,在限制公司的签约权力上,国家不管怎么做都可以,因为,公司的权力源于国家;但国家却不能限制自然人的签约能力,因为自然人权利源于天赋,只有自然才可以除去。另一法官制定不利于公司仓库的立法,认为任何区分等除非此项立法坚持"人的缔约的自然能力"否则任何立法的分类都是专制的和违宪的。另一法官在评定一项类似的法规,主张除存在身体或心智残缺外,缔约能力不应受任何限制。还有些法官主张,对于某些产业界中所存在的通过雇佣合同而使一阶层人的服从另一阶层人的现状,议会立法不予理会,而必须依法律的平等理论加以规范。以上所有的例子归结为一个主张:即普通法的无行为能力的系列规定是决定性的,其他任何法律都不得超越而另行规

---

〔2〕 这种认识适应英国人的普通法权利的法律理论如此完善,以至于没有理由对我们的理论、法律和司法制度的开拓者一面学习柯克和布莱克斯通思想另一面又学习法国和荷兰的国际法学家的理论而感到惊奇,实际上他们在研究有关相同的问题。

定。权利法案及《联邦宪法》第 14 条修正案不仅是天赋自由的宣言,也是普通法自由宣言。所以,凡不符合普通法的任何断章取义的节略,即使不违反其字面形式,但也被视为与其公正内涵相悖。

也许,没有什么起如此大的作用,以致产生并促使对法院、法律和宪法的敌意状态,而且这一点在 19 世纪末 20 世纪初更为引人注目,因为:(1)视法院为抵制国家与社会侵害、如同个人自然权利的监护人的观点;(2)视法律为宣告这些个人自然权利的最终和绝对的理论原则主体;(3)视宪法为普通法原则的确认部分,同时认为普通法原则就是自然法原则,它先于国家并优于国家机构颁布的法规效力。旨在保证和保护个人自然权利抵制社会及其所有机构的侵害。当房地产稀缺而地主们无比贪婪时,布莱克斯通所主张的"社会利益并不比保护每个人的私有权利有任何实际好处"已非大众观点。对于社会来说,拥挤的、城市化的工业社区好似一个社会被作为保护个人权利而抵制唯利是图的或损人利己的自然个人或人为的个体侵害,它并憎恨那种保护这些个人的利益以防社会转而又怕社会压制的原则。但普通法对个人权利的保证已在我们的联邦和州的宪法中得以确认。因此,在英国,这些普通法的信条已给现代立法让路,而在美国,普通法基本准则如其所愿,在人民或众多阶层的人民和立法之间仍然保持坚定而不动摇。因此,法院长时间内处于无所事事、违反原则行事的地位,对于这一现象,局外人是无法正确加以解释的。

不仅仅是宪法,就连那些已被转化为人类共有权利并牢固确立在宪法中的普通法上英国人的权利,都已成为人们普遍对法律之愤怒之源。美国的刑事诉讼程序已经进行的几乎没有什么不适应公正的司法审判，但这一惩戒性的公正司法被那些保护所谓刑事被告的自然权利的宪法性保证在各个方面所束缚。对于各种后果的犯罪如一旦为重罪则处以死刑。[3] 随着这些原则和刑事诉讼的细则规定的确立之后，引导进行较轻判决和更为人性化惩罚的改革。法官们倾向于“在可处死刑的案件里袒护生命”，[4] 死刑案件中袒护生命的法官，在产生任何后果的多类案件中都可能判处死刑时，他充分利用法律上的最轻微漏洞和最严重罪行等级要素的诉讼格式使被告得以保释。在刑事被告的英国人在普通法上的权利转变为刑事被告人的自然权利且这些权利为州和联邦宪法所确认时，那些设立的规则及其所蕴涵之精神就进入了一个不仅被视为已不适用而且十分有害的时期。对于这些错综复杂的、费事费时的普通法的检控机制，边沁（Bentham）早已指出其弊端，但有许多州仍坚持沿用这些已经作废的制度来保护刑事被告人的为法律确认的神圣不可侵犯的自然权利。另外，在我们现行的刑事诉讼程序中还有一个严重的缺陷，那就是欠缺一套讯问刑事被告人的法律模式。事实上，富有的罪犯根据律师的建议，缄默不言，任凭控方去证明案件可能的真相，警察只有围绕这不合作的罪犯团团转，直到他被迫认供。让我们来考察一下这种刑事被告人对抗讯问的特权以及证据法规则对待供认问题是如何引起的。在这些法律制度尚处于孕育生长期时，侵犯财产的轻微犯罪被当作重罪处理，罪犯多为农民和劳工，这些人常常在当时往往

---

〔3〕 随着这些原则和刑事诉讼的细则规定的确立之后，引导进行较轻判决和更为人性化惩处的改革。

〔4〕 在死刑案件中袒护生命的法官，在产生任何后果的各类案件都可能判处死刑时，他充分利用法律上的最轻微漏洞和最严重罪行要素的诉讼格式使被告得以保释。

认为是属于智力欠缺但遵从当局之人。正如威格莫尔(Wigmore)院长*。在评论有关供认的规则方面所说:以下两种情况都使我们在心理上产生犹豫去“应用理性原则的检验(标准):其一是被地主指控偷猎的农民并急于认罪;其二是女仆在女主人的威吓下急于供认她有轻微的盗窃行为。我们认为,从推理来说,仅有某种轻微诱因或在毫无目的的威胁之下是不可能导致被告人考虑作假供认的。但此时我们没有用正常的或合理的标准来审问被告人”。所以,对 150 年甚至 100 年以前法官们抓住每一论点来防止和免除对被告人的审问和逼供,就不足为奇了。但在当今无产阶级已经获得解放,对自己的权利了如指掌而且对权威并无盲从,因而实施这一套讯问制度的基础丧失了。如今,对被告人讯问的豁免和严格的供认制度对穷人并无好处,对控方亦是一个不必要的负担。如果被告很坚决并获得建议,且又能承担一定的保释金,那么,免除对刑事被告审问就是最有效的保护盾牌。对这些现状的了解诱使警察、侦控和检控官们为那些被监禁的贫穷和无助者随时采取非法方式以获得用合法途径无法获得的东西,纵使这样的做法会被认为是对审问的法律制度的滥用而承担法律责任,但执法不公甚至施加压力或违法的现状仍是无法否认的事实。没有任何一个富人会受到酷刑逼供以取得其违反反垄断法和反回扣法的证据,也不存在任何有权的政客会受此待遇以获得贪污和受贿的证据。普通法上被指控的侵害者的权利变成了被指控的达官贵人的自然权利并被权利宣言所确认。这种状况

---

* 学生时为《哈佛法律评论》创建人之一,曾任美西北大学法学院长、有《证据论》等巨著。——译者注

表明,一个时代最后承诺为下一个时代设计制定不可更改的永恒规则,会导致法律机制自身走向消亡的结局。上个世纪的律师们是在"自然权利学说"和视法之目的为保护个人自然权利以抵制国家和社会为基本原则的观念中培育成长起来的。他们坚信,最高社会的利益就是保护每一个人的自然权利。因公众的首要利益正是维护这一相同权利,故他们不可避免地认为保护被告自出生时就享有的诉讼权利比防止违法行为更为重要。

考虑到普通法上的权利只是自然权利的一种确认,普通法原理只是自然法的公告,这一思想已经造成不良后果,并已影响了法院对待立法的态度。法官们不仅仅在认定社会立法的合宪性时把他们的经济思想强加给不情愿的社群,而且通过对立法的解释权使制定法在与立法意图相背情况下让他们的法律思想产生效果。普通法原理和原则是不能更改的,是永恒的,而且一些原理是立法影响所不及的。他们认为制定法规只是再次确认和宣告这些原理,而不是推出任何新的东西。要知道判例法是正规的形式,而议会的立法则有些例外,只在特定情形和特定理由下适用。他们坚持认为:必须考虑立法意图不能对普通法作任何变革,必须要严格解释所有出自普通法的背离或歧义;并且对要改变制定法已明确表示的一些特殊情况的行为,必须严加限制。应该记住,这些不容更改而受到积极热心保护的普通法主要是法官创制的。其原则无疑十分贴近司法主张,但是,立法对通常的法律关系调整是不能胜任的。让我们来看一个例子。如果一个州议会无理并独断地颁布一项苛刻的法规,联邦法院认为其规定剥夺了《联邦宪法》第 14 条修正案所赋予人们的自由和财产权,在必要时,联邦法院可以拒绝使该法生效,甚至阻止其实施。若州在执行该法中无理而蛮横地损害了某个体的利益,必然也是同样结果。此法肯定无效。但是,如果州法院有同样行为,则神威会给法院设置障碍而要求得到不同后果。如若州的最高法院不顾所有法律原则而专断、无理地判决,则无任何补救。当人们的自由和财产受到立法行为、行政行为威胁时,旨在保护这些自由与财产的《联邦宪法》第 14 条修正案则形同虚设。此情况下,我们最高的联邦法院是无动于衷的。没有必要埋怨这些主张,实际上这已成为事实。不管普通法的这些原理是否合乎需要,它们都已促使法官们像国王一样、像人民一样,在一种绝对的理论指导下和自律约束的范围内专制般地行使绝对权力时,谈何容易。或许,这三者总的来说均难能如此。因为,法官所受的教育和培养起来的习性都是要令其遵循原则和规范行事,即使是超权行为,也是墨守成规。法官们主张普通法的原理和规则包含对法律的最好表达,但任何一种法律理论都须以其成果来判断。上个世纪众多的州法院都认为,制定法不得含有违宪内容,除非它们与宪法有不一致之处但不违宪无可置疑,这仅仅是一种客套话或陈词滥调,这种理论违背时代必然遭到唾弃。

然而,我们不得因此推论:18 世纪理论对我国法律传统的贡献可被全盘否定。一方面法律必须遵守基本准则的理论,另一方面无论如何法律亦必须保证基本权益的理论实现。坚持这些理论的人,都愿意公正审判或承受司法审判,并为了公平正义而牺牲一时之利,他们急切地不惜代价求得公平的处理。有两个现象值得注意:其一,18 世纪、19 世纪的美国人愿意通过主张权利甚至作出一定牺牲,来极力推动司法的发展,而今日,维护公正和权利的辩护尽管不是普遍地,也通常会带来烦琐和代价;其二,在普通法依赖于个人主动性的地方,我们越来越多地求助于行政干预。无疑,我们司法组织中的诉讼拖延和花费昂贵与一种特殊的情况有关。我们过多依赖于个人行为,大城市的需求,现代工业社会的劳资关系以及高度专业化社会中的分配也多与行政干预有关。当然除了归咎于这些原因外,我们也应看到一些新的变化。丹尼尔·韦伯斯特(Daniel Webster)*说:“人类社会最大目的是维护正义”,他认为,司法意味着法律秩序,“这是全人类最大的利益”。这一类的声明与上世纪这一主题相比形成对照,现今的人们认为物质利益是各种制度必须要求的目标,也是衡量任何制度的最终标准。人们不仅要求允准获得福利,而且通过有组织的社会要求获得福利,那些标榜自己为社会有地位的人实则是个人主义者,正是个人主义通过社会而不是通过个人自力获得利益。尽管我们通过法律途径来寻求社会的共同目的,但法律不是自我实施的。暴君可以通过强制手段来确保法规的一时执行,而法规的最终实施却必须取决于它符合公众意志。这并不意味着一项法规或一部法规仅仅服从于一个抽象的愿望,而是就每个公民而言,在行为中要有坚定意志守法而且看到其他人亦是坚定地遵守这些法律。旨在以确定、不变的正常判决来保护每个人的应得利益——在公正情况下一项充满活力的单独公众利益——是有效的法律体制的前提。法律赋予这个判决以效力,它却不能创制这种判决效力。就法律而言,对权利和正义的不严肃态度则是个凶兆,正如就政府和行政管理而言,对政治活动的不严肃也是个凶兆一样,一个现代国家体制要行之有效,

* 1782~1852,美国律师、政治家,曾任国务卿。——译者注

则每个公民个人都必须尽职地同等对待二者。

另外,尽管我们维护和承认所有个人和公共利益的根本原因是基于社会利益,这并不是说对上两个世纪人们苦苦追求的个人利益的淡漠。与之相反,社会利益的主要方面是个人的道德和社会生活,因此,个人利益与社会利益息息相关。正如在17世纪将公共利益看作统治者利益的不当坚持,扼杀了个人道德和社会生活,以及《权利法案》和《权利宣言》中宣示的个人利益。今天,若不适当地强调社会利益亦是同样危险的,而且"政府中心主义"(governmental maternalism)将可能成为目的,而不是手段,同时会有损法律秩序的真正目的。虽然我们从全社会着想,但仍必须重视个人利益。重视人们最大的整体要求和个人权利主张,自由地实现个人意愿和最大实践上帝所赋予的理性的要求。我们应该在承认个人道德、社会生活的基础上强调社会利益,但必须牢记,这是一个自由意志人的生命。

第五章　拓荒者与法律

在今天高度组织化的都市生活中，我们总是忘记了自己与拓荒者的距离。不到一个世纪以前，《长筒皮袜的故事》(*Leather Stocking Tales*)的作者还把纽约中心区写成人们从荒野中开辟的一块新地带。现在还健在的祖父辈曾经是国家西北部领域的拓荒者。而现在生活在密西西比州西部一些州的人有很多成长于开拓的环境中，他们的父辈是那里的拓荒者。现在还健在的太平洋沿岸和加利福尼亚州的拓荒者们还未至风烛残年。西南部的一个人口稠密的大州在 19 世纪最后十年中被白人建成一个新开拓的移民区，现在已经发展起来。当一个人沿着大西洋岸走过起初移民区的狭长边缘时，想找到边界划个表面轮廓是很困难的。

萨姆纳(Sumner)教授*说:“美国民主有几个特点,除非你能理解边境社会,否则很难解释。一些最大的政治陋习源自那些边远落后乡镇移植到现代大而嘈杂都市的准则和惯例,尽管这些惯例在乡镇用起来既方便而无害。”我们许多严重的法律弊端也大致如此形成,尤其是,我们司法机构和程序中的许多落后做法都带有边境社会遗风,更有甚者,19 世纪美国法的精神亦打上了拓荒者精神的烙印。

实际上,美国的司法史始于“独立战争”之后。在受殖民统治的美国,司法审判的最初表现形式是立法和执法,这些没有司法公正的形式一直持续到上个世纪。在“独立战争”后的一段时期,法官们多为未接受专门训练的基层行政官员,他们在立法机构指导下,凭着自己的天赋和悟性而缺少明确概念去主持审判活动。直到“独立战争”在大多数殖民地对法官进行法律训练均未认为是权宜之计或认为十分必要的事情。在独立后,新罕布什尔州最高法院的三位法官中,有一位是牧师,一位是医生。罗得岛州高等法院 1814 ~ 1818 年的一位法官是铁匠,1819 年至 1826 年的首席大法官是农民。1791 年的纽约州法官詹姆斯 · 肯特(James Kent)一语道破天机:“审判没有判例汇编和州的先例可循,法官的判决意见书通过口头送达(*ore tenus*),我们没有自己的法律,没人知道法为何物。”

我们的司法机构和美国普通法的伟大法律汇编体系是在 18 世纪后 25 年到 19 世纪前 50 年间建立起来的。另外,大都市、社会的和法律问题也是在 19 世纪后 50 年才显得突出起来的,事实上,这些紧迫的问题直到本世纪后 25 年才变得尖锐起

---

* 1748 ~ 1811,美国政治家。——译者注

来。现在我们最大的城市有 326 万平方英里,其人口比采纳美联邦宪法时 13 个州的总人数加起来还要多。但是纽约市的人口到 1880 年还不足 100 万,卫生和住房问题在国内战争后才显得十分紧迫。在密苏里州西边的一些州,其中每个州人口不超过 100 万,但面积却比英格兰和威尔士的总和还要大得多。这些地区几乎更加体现美国司法组织发展的情况和英国普通法经过修改已经融入美国法律的情况。

为了了解美国城市 19 世纪司法审判,我们必须先弄清 19 世纪上半叶类似拓荒者和乡村居民区司法审判的问题,以及律师与法学家在争论这些问题时的难点;我们必须弄清这些居民区对诉讼程序的态度以及审判的性质和功能的概念,还需了解其对政府和行政部门的态度,以及其对监督制约实际反对的情况。

在 19 世纪上半叶类似拓荒者或乡村居民区中,司法审判存在三个问题:(1)接受英国的普通法,还是另辟蹊径重构法律发展的基础,确立适合美国的法律体系的原理和规则;(2)建立司法审判分权制度,以方便人们诉讼;(3)为足以应对在拓荒者家族和相同的居民区内的偶然性犯罪和情欲刑事犯罪,除了以虔诚宗教信仰和严格道德制约之外,还拟制刑法和刑事诉讼法。

这些问题中首要的是第一点就是制定适合美国的一套原则和规则的司法体制。长期以来,一种传统观点认为美国一开始就用的是殖民者带来的普通法,而且这套英国法律在全美国一开始就用的是殖民者带来的普通法,而且这套英国法律在全美国占支配地位。但这仅仅是法律理论,事实上,殖民地一开始以种种经验适用的是没有法律基础的英国司法审判制度,直到18世纪中叶,随着法院体系的设立和学习英国法律的风行,才出现根据英国的法律进行的司法审判。在独立战争前,对1765年就出版第一部著作的法学家布莱克斯通思想的广泛学习,大大推动了接受普通法的进程。但是在1791年,普通法才在纽约(州)大量出现,天才的法学家肯特急切提出以普通法作为美国的法律。

在独立战争后,美国公众对英国及英国所有事物产生敌对态度,源自英国的普通法亦难逃厄运。法官和议员大多受公众情绪影响,训练有素的律师也无人坚持。在费城和全国其他地方有许多大律师和知名律师同样如此。但大量专业人员的形成多来自独立战争时期的军人,或是来自大陆会议议会后的成员,他们本来就对英国法怀有恶意,且对法律知之甚少,因此自然反感对英国当局的任何深入研究,他们有时用爱国主义来掩饰他们的无知。同时,一些很有影响力的政党极力推崇法国并主张废止英国法而要求接受法国法。这一情形正如法学家洛伊德(Loyd)所说:"法官们在判决意见中援引英国判例的做法遭到激进派的强烈反对,英国先例只是专制体制的残余,凡引用这些先例的法官都是与人民与自由为敌的专制者强权者和追随者。"与前一世纪上半叶他们的先辈们相比,今天的法律丑闻报道者挥动的笔显得多么无力。在这种思想的影响下,新泽西州、宾夕法尼亚和肯塔基州均通过立法禁止法庭在审判案件时援引英国的判例。新罕布什尔州就颁布一项禁止引用英国判例的法规,在此之前其他州就有些法官已经否定了对英国判例的援引。

反对接受普通法,一部分是基于政治上的原因,但更为主要的是因为当时拓荒者对科学性法律的敌对态度。"这些毫无头脑的草民的后裔”,欧文·威斯特(Owen Wister)说,“对纪律、良好秩序和屈从丝毫不能容忍,更无法忍受被他们鄙视的人发号施令。”尽管如此,随处看出他们的文明意识开始萌芽。随着乡村团体数量的增加,人们对公众安全利益越来越关心。即使是在拓荒者原始的社会里,最重要的仍是维护和平,拥有权力的法庭加强审判工作是当务之急。如前所指,用纯粹的科学性法律来衡量、对比、仔细考虑、认可这个争议是不适当的,实际上少量的简明易懂的法律和法院及时果断的裁决就可以很好地满足社区需要。就是从 1849 ~ 1866 年直到独立战争时矿业地区的习惯法的大量重复,就是大西洋沿岸各个地区的经验。接着的一个时期,随着财富的增加、贸易发达和社会的日益复杂,为了维护安全中取得的社会利益和在安全中的交易利益,因而迫切要求有确定的和统一的司法审判制度和制定法律规则。但是正如我们所了解的那样,19 世纪初美国法律体系还没有得到发展,并且不确定。在当时,完全依靠非专业法官、行政官员以及立法机关的司法审判既不公平又很原始,难免腐败或偏袒。因此,要确保司法审判的统一性、公平性和确定性,最需要的就是制定(司法审判的)规则和建立体系。当然,基于规则自身的特性,不可能预先制定出适合每一种情况的规则,这就意味着法律必然要朝着科学的方向发展。

在美国,伴随拓荒者遗存下来的那种拓荒精神推迟甚至歪曲了美国法律的科学性发展。相反而获得较好效果的原因值得一提:正是美国政治的杰斐逊·布里克(Jefferson Brick)时代传统的那些受过良好教育、训练有素的律师以及那些独立的、经验丰富的终身制的法官推动了美国法律的科学性发展。这足以让我们想起当时缺乏普遍性的公益和地方培养特色而成为今天我们国家法律体系的特点。清教徒主义必须承担部分责任,大部分则源渊于美国法律精神是拓荒者对科学性法律的反感,有时拓荒者坚持认为其法官如果不参考欧洲君主国家的法官审理工作或东方虚弱社会的法律影响就不能匆忙草率作出判决。

此外,由于拓荒者很大程度上对政府管理行为的反感以致坚决要求制定法律规则并致力于完整司法机制的目的,这也是美国 19 世纪的法律特征。拓荒者和那些离群索居的乡村社区满足并宁愿政府管理限制在必要的最低限度。当然,基于公共安全社会利益的考虑,还是需要一定的政府管理机制,这就需要建立民事和刑事法庭和法规以及其相适用的判决标准。但是对于每一农场而言,其最为关心的是政府部门提出保护社会利益而又不适当地干预个人利益。这种对政府管理与清教徒的组合思想合作和 18 世纪个人利益至上的人权思想不谋而合,拓荒者十分不满而且他们认为应尽可能地抑止以促使有组织的社会控制,不应存有权威的、行政的或司法的酌处权。如果人们不得不接受管理,必须让其了解法律规则。

因此,美国法律体系形成阶段的主要问题就是披露和制定法律规则,发展稳定的和详尽的法律规则的法律体系,一方面能适应美国社会生活的需要,另一方面尽可能限制地方执法者的个人判断和自由裁量权,以及最大限度地保留个人的主创精神和为个人和整个社会的和谐共处而尽量控制政府和官方的行为。在 1875 年以前,这个问题一直决定着我们法律发展的整个进程,此外,它也决定着我们的法院体系和司法组织。最重要的是,我们一直寻求一个有效机制来发展判例法。这段时间,这就是我们最高法院的主要工作。那时,约翰·多伊(John

Doe)曾一度因损害公共利益而受到惩罚也是合情合理的。在那个年代,对一个特殊的诉讼进行审判并不比为将来创立一项完善公正的法律规则更为重要。因此,在那个世纪,我们法院的主要精力就放在发展判例法上,并基于这个目的创设法院的审级制度。因此,希望基于该目的而构建的法院体系来有效解决当今城区社会的法律诉讼,是不可能办到的。在城区社会里,人们认为法律应由立法机关来制定,而法院主要是解决争议。

美国法律体系形成阶段的第二个问题是分散司法审判权,使它对稀疏建立起的社区内每个人都体现出公正性。"独立战争"时期的英国法院体系太武断专横,而不能作为我们国家的司法处理模式。但是,如果不考虑共同管辖权和历史上的某些异常情况,人们可以发现这曾经就是美国法院体系的一般框架。美国法院体系实际上一开始就是:(1)处理小型案件的治安法官和地方初等法院;(2)有普通司法管辖权并按巡回法庭地方审理案件规定处理刑事案件的中级法院,同时在该法院全体法官庭复审民事案件;(3)中级衡平法院,虽然取证在发生地,但是在一个地方进行审判;(4)具有遗嘱检验认证管辖的专门法院;(5)复审案件的最高法院。在美国,基本上是将5~6个有不同管辖权的法院合并成第(2)和第(3)种法院。这种合并虽然有益于管辖权的统一,却阻碍其发展。确实在那个短时间内并不需要统一的司法管辖权。上述的美国法院体系形成时期所要求的司法体制缺点都存在如上所述的中级法院和衡平法院之中。到一个偏远地方去处理诉讼,这类法院不仅要忍受漫长的通信时间和昂贵的旅途开支,还要经受许多无法忍受的诉讼上的困难。最为重要的是使法律的公正惠及每一个人,因此,我们在许多州设立了一些具有普通管辖权的地方法院和衡平法院,而且我们的政策以后要大量增设这类法院。不管什么地方、情况如何变化,这些法院体系都是必不可少的,几乎所有的州在19世纪上半叶所采取的适应拓荒者、乡村和农业社会的整个法院组织系统的计划,促进了现代工业和城市社会高效诉讼处理。

100年以前,法律要解决的问题似乎是如何保持实施因果报应以及保护个人免受以相关借口进行压制,而不是如何使刑法成为保障社会利益的有效力量。在那个强权和暴力的年代,依靠司法经验而发展的英国刑法正适应了暴力犯罪。稍后随着更为文明时代的需要,已引导在星室法院进行与当时普通法对于轻罪的处理。因此,正如我们父辈发现的那样,英国刑法中的一部分是十分残酷野蛮的,暴力、抢劫、强奸等谋杀犯罪和在简单而完备的社区盗窃耕牛罪行。另一部分看来涉及司法官的有害的任意裁判权,在那个以王室特权为终极理念的年代里,这种任意裁判权是都铎王朝和斯图亚特王朝的国王们所希望制定的一系列法律的组成部分。这些殖民者都已具有对刑事法律与政治密切联系的经验,保持这些经验记忆的拓荒者们并不仅仅关心去除古老法律对待重罪的酷刑。为了避免个人自由的保证受到忽视,他们赋予陪审团过多的权力并且限制甚至剥夺初审法官控制审判并保持陪审团职权范围。除了社区宽容对待罕有的并可能的世仇和决斗之外,对于一时一地的恶劣罪行并未削弱惩罚性司法制裁,因此,社区并不需要迅速实施这种惩罚性司法制裁,而是适用强制执行多卷本的刑法典以应对多类罪犯,这才是我们今天所需要的。

芬尼莫尔·库伯的《拓荒者》一书中的故事向我们展现了

1833 年纽约市中心的生动画面,正如我们听说的那样,这一地区在 40 年前还是一片荒芜。最重要的是故事作者认为纽约的繁荣得益于温和的法律和拓荒者的精神。“整个地区”,他在故事中写道,“在温和的法律统治下,随时都呈现出蓬勃生机,即使是在气候恶劣、崎岖乡村也是如此,这片土地上的每一个人都对国家的繁荣昌盛感到直接受益,因为他们知道自己是这个国家的一分子”。这就是我们美国普通法国家的精神。假设有这样一种同源群体,他们十分在意自身的权利,并且对政府机构抱有同情心。假设有这样一种群体,他们是天生的法律的遵守者,即使在某种挑衅下也会采用约略但切合实际的方法证明公开审判的正确性。假设有这样一个民族,其中大多数人只要认定和了解法律规则便会遵守,所以法院和国家最关注的是决定什么是法律。假设在陪审团席中出现了一个群体,他们可以被信赖,在人与人之间理智而稳固地执行法律、维护公正。换言之,19 世纪上半个世纪,我们的普通法体制是以美国农村社区为基础的;当时的情况与 19 世纪末和 20 世纪我们的法律制度以对大城市社区努力实施司法职能的情况大相径庭。

经过上一世纪司法判决、职业性惯例以及立法,美国诉讼程序的发展充分体现了拓荒者的才能。要了解它们是由 75 年或 100 年前以农村社区条件所决定的。美国法律诉讼程序的许多特点无须做长时间的研究。许多特点更适合农村、农业社区而不适合现代的城市社区,当时的农民远离城市的休闲生活,上法院就如进戏院看戏,了解政治和诉讼仅仅是为了消遣。比如,我正确地阅读过美国司法发展史,就可以发现:在美国法庭上不再过分强调辩护人的重要性,他们自由控制,可以说给他们提供许可证了。而法官必须正襟危坐并提出双方辩论的规则,他还可看到边民们的情况和他们的思想方式。如果县里的农民们聚在一起倾听法庭辩论,他们对给予陪审团就有关法律论点进行裁断的指示而中止滔滔不绝的辩论而不满,同样他们对辩论的司法时限也不满,因为陪审团应综合考虑旁听人、法庭和诉讼当事人的意愿。因此,为维护自由辩护而限制初审法官职权的立法在边区是有其渊源的。特别表现在限制法庭负担的立法是考虑到善辩的辩护人和拓荒者群体的愿望,其目的不仅剥夺初审法官而且也剥夺法律在审判方面的影响,同时将所有的事情均留下通过辩论来解决。更有甚者,来自边缘地区的旁听者在法庭上就像他们住在城市的兄弟们看棒球比赛一样,很快就能学到比赛规则,理解和辨别哪些人在演这出戏。

在一位著名律师的回忆录中,有一章标题为"国家执业律师业务",内容描述了作者 1861 年在马萨诸塞州西部地区的经历。他讲述了一个指控有关恶意侵犯不动产的案例。案子内容是:一台木质泵被人恶意地从井内取出。辩护人认为此行为不构成对不动产造成恶意破坏,因为土地没有受到损坏,木质泵本身属于个人财产,因此原告认为是对个人财产的恶意侵害。为了证实这一点,他辩论道,如果木质泵是不动产,那么每次出售都必须有财产转让证书。于是治安法官充分利用这一事实并解除了对这个刑事被告的指控。但是,该治安法官是一位有正义感的人,他对上述被告提出了新的起诉,以恶意损害个人财产罪再次逮捕此人并送上法庭处理。于是同一个辩护人引用公认而权威的判例阐明井中的木质泵及其附属物是永久性使用的固定物,而不是个人财产。对于这些判决治安法官无能为力,被迫释放了被告,于是根据这一指控他们逃避了制裁。但作者告诉我们"治安法官与我们一样喜欢给自己开玩笑。事实上,那时的许多法律审判都像是大开玩笑”。他在书中的另一处说道:“整个争论可以被看做是智力的争论。如果一方的辩护人由于知道的情况要多于另一方辩护人而胜诉,这并不认为采用任何方式利用知识来维护其当事人的利益会损坏他的声誉。”这种争辩的道德就是今天职业棒球比赛的道德。我不需要说在我们今天的职业道德中我们都摆脱了这种做法。我们的程序仍旧过多地保留着那种辩论只是极端现象的实质。

拓荒者们还在另一方面影响了美国的司法程序。在边区“那些遭受苦难、负债累累、对现实不满的人聚集在一起”重新开始生活。因此拓荒者的态度对那些提出请求的债权人极为不利,而且,关于拓荒者们的司法管辖方面的立法在当时常常是债务人期望的避难所(cave of Adullam)。陪审团过高的权力、初审法官权力减少、原告在诉讼程序中的种种障碍、被告在诉讼程序中的那些不当得利——所有这些美国诉讼程序的制度源自边境社区的意愿,其目的在于保护那些试图逃避债权人逼债的人们。后来,这些社区在开发其自然资源过程中向他们的老邻居借入大量资金,因此保留这类司法制度是当地巨大的利益所在。正是由于美国某些地方的诉讼程序在实质上受到了某些边区的有利于债权人利益的立法思想的影响,司法机构的有效作用得到了提高,而这一过程的进程却是缓慢的。所有这些对那些习惯于用普通法方式思考的人来说是如此陌生,然而,这对美国普通法诉讼程序的影响并非微不足道。

法学院院长威格莫尔称此为公正的司法理论,那种视公正司法审判为结局苦涩的游戏的思想无疑是来源于盎格鲁—美利坚的特色,与普通法的个人主义有千丝万缕的联系。这种思想从拓荒者对诉讼态度中得到了充分的鼓励,而在近代主要盛行于诸如得克萨斯刑事上诉法院这类法院中,在这些地区,拓荒者们仍记忆犹新。此外,传统的被告群体的出现,由于不满陪审团对被告的裁断迫使他们转而依靠诉讼程序的细节而根据法律裁决为他们主持正义。同时,传统的原告律师群体出现,他们借助同情与偏见而非法律,不满司法干预以使法律得以实施或正义得以维护,竭力在完全不同的环境中维护边区诉讼程序的精神。对一个司法官员来说,为了自由权利诉讼程序不是必要的审查环节,亦非促进司法公正的工具,它只是我们原始法律中的一种呆板审判方式的残留。我们的原始法律在18 世纪这一过于正式、过分追求精神的年代得以发展,在上个世纪拓荒者和美国乡村社区中得到培养并进一步发展。在近期于工业和城市社会侵权诉讼的条件下产生的专业的原告律师和传统的被告持久冲突中有了新的用途。

我们对 19 世纪普通法对行政管理态度的恶化方面作了一些研究。17 世纪的政治观念来自法庭和王权的斗争。清教徒的习俗和教义和 18 世纪的政治观念对这种态度都起了作用。但是在上个世纪这种态度的夸张很大程度上是因为政府和行政机构对拓荒者的戒备的结果,因拓荒者坚决反对监视和限制。在 19 世纪最后 25 年间发展起来的对社会立法的戒备,对合约自由的坚决主张和个人追求得以保证的合法权利,甚至超过立法所能及的范围,这样的结果部分是由于拓荒者的情感影响,就拓荒者而言,他们认为应让他们各行其是,被统治得越少越好。在上述两种主张中,在 17 世纪法庭和王权斗争中以适应其斗争采用多种设施进行工作的清教徒和拓荒者能够控制本国社会立法的颁布和实施,而在 40 年以后英国立法工作才明确地改变了看法。

通过研究当今美国城市中司法审判的重大问题可以发现，拓荒者的影响在我们的法律和司法体制的形成过程中体现得非常深刻，并可看出我们的制度只是对他们进行了少许的调整。

美国法律社会化的要求，并非仅是城市，而是几乎遍及全国，我们没有要保护的农业劳动者阶级，而要求保护雇员自身，规范住房，强制的环境卫生，监控牛奶供应，阻止对无知和轻信的移民苛捐杂税，保护小投资者免受大企业的吞并，规范劳动条件，提供最低工资等，我们注意到这些要求多数来自城市。在为农村社会和小城镇的发展而创立的规则和原则基础上——对那些不需要保护，在互相理解平等处理事务中不需对抗、欺诈得利的人们，我们的法律体制也不得不适应。约三十年前，我们父辈正发出强烈抗议反对政府的家长式统治的作风，而现在这种情况有了很大程度的改变了，同时我们不断增加的委员会等国家机构和视察人员每天都在验证。我们已开始呼唤被称之为“政府中心主义”去适应我们广大城市社区的情况，尽管已做了很多并且相对而言正在取得迅速的进步，但现在仍然存在这样一个重要的问题，即制定出一个维护公平主义的司法制度以保障每个人在现代城市环境中在道德和社会生活中的利益，并依赖于 75 年前最初为保护在农村社区中安全生活而创立的规则和原则作为基础。

再者，对司法组织的要求和司法程序改善的要求也来自我们的城市。在过去的 15 年间，我们国家和州的律师协会对此问题已经进行讨论，这是重要事实，城市律师宣称改革绝对必要，但乡村律师坚决主张罪恶已经扩张但重大变革绝无必要。

城市律师敦促改革的雄心勃勃的计划遭到乡村律师的抵制。现代司法组织和现代司法程序应当切切实实地为城市和乡村服务,但是压力来自城市,对于城市我们调整旧机制的努力是徒劳的。我们大城市中的法官们,受到大量累积的诉案的沉重压力。通常他们一年到头坐在那里,他们长时间的延期使诉讼各方和证人疲惫不堪。而且在某些辖区,很多案件的审理如此草率,以致不断地需要对案件重新审理直至推翻原判。这样的情况几乎在所有城市的一般管辖法庭中都能见到。为完全处理一座城市中的民事诉讼,为实施根据城市生活条件所需求的大量警规,为使刑法富有成效地保证社会利益,我们必须防止司法权力滥用,节省时间养精蓄锐,直到我们的司法制度完全形成时,就无必要这样做了。但在现在的乡村里总有点必要。在城市中浪费金钱和时间做不必要的事情导致民众对司法的反感。

在现代城市中司法审判的第三个问题是为小型诉讼的审理制定出适当的规定,主要为了迅速、低廉和公正地处理好穷人的诉讼和流动人口中的债务诉讼,以及大量的由于人口繁杂种族和语言差异而必然产生的小型诉讼。司法审判关系到很多人。城市中的大部分人,他们过去的法律经验只是停留在对警察官员的任意酌处权的认识上,因此可能会感到法律是保护他们个人和团体利益的现实力量。个人的道德和社会生活中蕴含着强大的社会利益。如果一个人在面对一个手段多、抵御性强的对手同时因保护手段过于烦琐昂贵,而无法获得有效保护手段时,不得不服从他人的意愿,这就很大程度上损害了社会利益。众多的人对美国法律的最大不满不再是对实体法规的不满,而是对经常使最好的法规在执行中变得无效的实施机构的不满。一些大城市的法庭正在缓解这种情况,但从国家整体上来看,这种改变不是很明显。在小的事情中往往都涉及城市社区中大多数人日常生活中的对和错,当权利受到侵害时,权力所保护的机构不能对它们给予确实可行的保护,这实际上损害了权利本身。

很多原因造成对小诉讼条款规定的忽略,而这已给美国司法蒙受羞辱。其中的两个原因至少应归因于拓荒者的司法条件。一个原因在另一处已经指出,即我们在迅速发展和迅速变革的年代里不得不制定出为处理大的纠纷和类似的小型纠纷的实体法体系。因此,我们孜孜不倦地研究立法。在这个国家里,一个世纪以来,为适应司法的需要,我们一直致力于在司法经验上发展出一系列原则和准则。确实如此,特别是法律的最重要的部分可以在已判案件中的判例汇编中可以看到。我们的司法系统几乎将全部精力用于设计出一个连贯的、具有逻辑性的、详细精密的判例体系。但我们的双眼仍紧密注视着达到公正手段的抽象规则,而没有注意到每天在实际诉案中所得到的结果。假若拖延的实施机构最终继续将原则适用到诉案中,那么我们可以肯定大部分的诉案其结果必然如此。我们未能对法律的适用和实施给予同等的重视已经使原本为法律规则提供效力的机构在实际操作中却未达到的目的。正如所见所涉及的另外原因是:我们的程序很大程度由 75 年或 100 年前农村社区的条件所决定的。所以,在极力主张对小的诉案有较好规定时,那些认为诉争理应受到阻止的论调又旧话重提。在理论上讲,通过所有小型诉讼对所有的人的权利都可受到维护,实际上对小型案件的取消是一件好事,因为,诉讼不应受到鼓励,为诉讼而诉讼更应受到阻止,这并不是特别对现代城市人而言，但这小型诉讼是在美国司法组织和程序中幸免受阻止的唯一方式。诚然，这种小型诉讼不应受到支持的思想，主要产生于不久前已具有的程序情况下明显的诉讼无效，至于它所涉及的应被调解或以和解方式解决最为适当。对于与城市社区相对的边远地区和乡村社区而言，诉讼像是游戏，审判犹如景观。另外，有一种危险即在不鼓励诉讼中却鼓励错误行为。我们城市中的法律援助协会需要一些经历来指导我们现在应该具体做什么。如同世界所有的人们一样，我们更为关注穷人的权利，无论多么小的争议，他们的权利都应受到维护。不幸的是，除近年来城市中的法院组织发生了一些变化外，我们仍漠视这类争议的正当要求。

法律的应用和实施在现代法律科学中被认为是核心问题。这些问题在美国尤为突出，因为我们的政体组织提交法院够多事情以致其剩余部分则给予执行和立法部门，它们之间在美国城市中矛盾更为尖锐，因为这些城市中法院造成的这些需求不断增加，而在社区中，清教徒将法律视为良知指南的观念和拓荒者认为法院的存在主旨是为新兴地区制定规则观念是完全不适当的。拓荒者要通过个人努力实施这个观念则更不适当。法律和法律的执行机构都受这些观念影响，所以要求它们承担解决城市各种生活环境问题并具有法律是有意识的、确定人们意志的产物的现代观点是不公平的。在成分复杂的社区中，法律适用和实施这一点更为明显。在自然权利理论和拓荒者社会中实际平等的思想影响下，美国普通法认为，没有等级，而且在正常或不利情况下人们彼此都以平等地位相待，所以法院在19 世纪末一直不愿意承认立法效果。若他们果真愿意承认，则立法的效果必然承认在我们工业社会中实际导致了等级差异的存在,基于这个事实在他们之间的交易就存在不平等,同时还认为社区中的每一部门对保护其权利充满了热情并愿主动这样做。这些法规建立在以不同利益而分成各个等级的社区和平等理论的基础之上,所以适用时没有什么矛盾。而对普通法原则的适用则产生大量不良效果,更有甚者则是将这些原则适用到拓荒者社区和城市中的部分人,由于他们不了解我们的个人主义和对个人自由的关注,以致效果更差。同时还有不良效果的原因出自对个人的立法动议权的信赖,以及本能和经培训的其他一些因素而形成对当局和地方司法官的质疑。特雷恩先生的名著《犯罪、罪犯和黑社会》(*Crime*, *Criminals and the Camorra*)一书中,生动地指出法庭的可怕犹如地狱一般,各种情况导致移民们宁愿忍受更大压迫而不是向法律求援。

最后,在我们城市里的社会工作者不得不与来自上世纪强加的这种刚性限制的任意行政问题进行斗争。在上世纪末人们试图提供大量法规将行政诉讼限制在极为狭窄的范围,而真正解决问题的这些法律几乎是微乎其微。我们不得不把那些有关公用设施、工厂检查、食品检查、公寓检查的法规以及建筑法从刑法中转到行政监督和防范中去,而后者正是拓荒者们所憎恶的。他们如此彻底地限制行政管理,其反作用是引起了真正的危险,即我们过分地反其道而行之,从而导致将这类事务全部排除在法律管辖之外。拓荒者们的公法和行政法无法持续下去。我们必须以新思路重新审查、研究全部法规。

审查拓荒者们对我们现行法律的影响,应该承认并完全归功于那些为我们拓荒者社区修改英格兰普通法的那些法官的强有力的理性。在科学陷入迂腐之时,则有一种强烈意识给美国提供一个实用体制,其中已有的传统原则在新环境中会发挥作用。另外,在拓荒者所处的环境里,法律的发展如此迅速给我们的司法审判打下了一个坏的烙印。拓荒者的后代们慢慢地认识到民主不一定是庸俗和地方主义的同义词。拥有最高权力的人民法院应该靠尊严来维护,而这种尊严正是人民的尊严。严谨和有序有助于司法业务顺利进行;而无序和松懈则有碍于司法。法律顾问可以是一位具有良好专业感情的士绅,不一定是特权阶层的人员;审判机构可能是一个自由民众的司法机构,不一定是法庭辩论表演;法官可能是一位独立的、有经验的专家、专业律师不一定是独裁者。在联邦法院以及数量不断增加的州里做了一些维护法庭尊严的工作。但是,这个国家仍旧有许多工作要做:在法院和司法界的有效机构——为了公正,在建设中最重要的要素将是恢复普通法的概念,并从拓荒者企图强加在这两种机制上面的野蛮和粗鲁的桎梏中解脱出来。

第六章　19世纪的法哲学

在远古社会，受到伤害的个人可以通过自助或求助于神灵或他们的牧师的帮助，或在某些特定的案件中，遵循某种程序通过政治组织获得补救。在古代，社会上人之间最强劲的联系纽带是血缘。靠自身或家庭力量获得伤害补救为其首要途径，所以“以牙还牙”“械斗”“血亲复仇”一直都是远古社会的主要习俗。可这些习俗却构成了对社会普遍安全利益的妨害。因而，越来越多的救济请求诉之于国邦。“自助”和“械斗”受到规束和压制，直至后来全被摒弃，唯自救作为例外而存在。这样，自其肇始之初法律就成为可使社会达到和平有序的手段。法律仅次于宗教和道德，它作为一种规范力量。通过它们可使人们的行为受到约束，社会普遍安全利益得到保障。不但如此，尽管在法律的演进过程中，其他一些目的已融入法律中，可法律的规范力特征和法律使社区能够和平有序的功能却始终保持不变。在法律演进的第一阶段,人们通过对争端的和平调停获得了社会和平有序的观念。

法律演进的第二阶段在前述"严格法"中已经论及。在这一阶段,法律已不容争辩地成为社会的规范力量,而国家已成为胜任的社会控制机构,除例外原因,自助和自救被彻底取而代之。通常,人们仅就损害赔偿向国家请求救济。因此,裁决那些请求国家救济的案件的法规体系就间接地界定其权利内容(the substance of right),从而也就间接地指明并确定得到承认和保护的利益范围。这个目的一旦达到,即有两个原因导致其产生一种刚性机制,也就是担心滥用国家权力而促使个人的不当受害,另是担心对神圣经文和对已经确立的习惯法的蓄意曲解从而使原始法中幸存的观念充斥着邪恶与危险。如此一来,法律所探索的主要目的是其确定性,国家可以干预的案件,国家干预案件的方式和干预案件的途径均可用一种绝对严格快捷的方法确定下来。法律规则完全是没有弹性的和不容变通的。同时,法律是高度符合格式规定的。它拒绝非格式或超越格式的东西,因此,格式拒绝任何争议。在任何情况下,一个人可以知道是否遵循约定的格式。因而,严格法对符合法条含义的作用或对行为的道德性冷漠,于是法律进一步发展就变成绝对必要。严格法留给我们的永恒贡献是确定性和统一性的观念和法则观念以及与之相关联的作为手段的格式。

继之以严格法,是法律的自由化阶段,也可以称为衡平与自然法阶段，这个阶段在罗马法时代的代表是古典时期*。英国法方面则以大法官法院的出现和衡平的发展为标志。在欧洲大陆法方面是自然法学派盛行时期，即 17 世纪、18 世纪。严格法阶段的口号是确定性，法律自由化阶段的口号是道德或伦理意义上的某种措辞，诸如衡平、良知。严格法阶段坚持统一，后者坚持道义；前者关心形式，后者关心伦理意义上的正义；前者重在救济，后者重在义务；前者依赖规则后者依赖理性。衡平与自然法阶段的首要观念是法律与道德的一致；是义务的概念；是试图使道德义务变成法律义务；是依靠理性而不是靠专断的规则来抑制并消除司法审判中的随心所欲和个人因素。除了法的自由化之外，法律进化在这个阶段的房屋贡献是通过理性联系起来的诚信和道德行为的观念，争端化解的伦理性和义务的履行观念。但是为法律和道义协调一致的努力，为每一个具体的争端的裁决都合乎道义的努力赋予司法裁量权以广泛空间以致在这个阶段的初期，司法审判过于个性化和不确定。自由裁量权的过渡泛滥随着法律规则的逐渐固定和随之而来的法律体系的确定得到矫正。已经获得法律规则特性的道德原则，直至这种原始原则丢失于其派生出的法律规则中或剥离它们纯粹的道德特征仅仅作为抽象的观念发展时，才实现其逻辑上的后果。这样，过渡到法的下一阶段——可称为成熟法阶段。

法律与道德同一性认定而造成的法律不应有的随意性和过于广泛的司法自由裁量权通过法律的认定过程逐渐得到矫

---

* 戴奥克里蒂安王朝时期（245～313 年）。戴奥克里蒂安（Geics Aurelius Vileivs Diocleliams，284～305 年）为著名的罗马皇帝，他执政 20 年间实施一系列改革措施，使崩溃边缘的帝国稳定下来。——译者注

正,其结果之一是出现了衡平与自然法所孕育的观念而拓宽严格法之范围兼有稳定和确定特质的一套法规。在成熟法律体系这个阶段的信条是平等和安全。其平等思想部分来自严格法的主张,即对符合规范的同一情况总是应给予相同的救济;另一部分来自衡平与自然法的主张,即认为所有人都具有法律人格以及承认凡具有正常思维并达到责任年龄的人都是具有完全法律行为能力的人。因此,成熟法的平等思想有两个基本法;法律规则的平等运用和人们体现其意志与处分其财产的机会平等。成熟法之安全观念来自严格法,但是受到了衡平与自然法阶段的观念的调和。换言之,法律的后果应该来自意志而非形式的产物,以及一个人不应当凭借缺乏真实意思的形式以牺牲他人的利益而使自己不当致富。因此,成熟法的安全观念亦包含两个基本点:每个人的利益受保护,不受他人侵犯;只有一个人作出了这样的意思表示或违反了保护其他人同等利益的法律,才准许其他人从他那里得到或强行取得利益。

为了保障平等,成熟法再一次强烈坚持法的确定性,而且在这方面,很大程度上并不逊于严格法。为确保安全,它坚持关于财产和契约的基本思想。美国的权利宣言对生命、自由和财产的保护已阐明了这一点。

这里所说的自由,在19世纪甚至现在有些时候仍然认为除非一个人犯了错误,或由于他自己的行为侵犯了别人的权利,否则不受法定拘禁;或者,除非他已自愿促成某种法律关系达到法律预先规定对他实施强制的程度,否则不允许他人对他实施强制。这样的观念也出现在现代罗马法中,坚持意愿作为合法交易的核心,19世纪欲使英美合同法吻合罗马观念与那个时代的精神是一致的。

成熟法把财产——所获得之物与自由一起置于保护之中。但这些所得物之一可以是来自承诺人的一种强求权利。相应地,按合同可获得财产。法律的存在就是为保障自由签约的权利以及尽可能广泛地强求履行自愿承诺义务的权利。加之,在这个时期,甚至人格可获得财产,个人自由签订合同权被视为是一种基本的财产。换言之,身体的完整、自由申请和自由行进,身体的和精神的都被认为是自然获得物的形式。事实上,法律主要目的之所得物的保护包括:(1)自然所得物,即自然赋予每个人身心两方面的能力;(2)通过发现自己在社会中的地位而所获得的财产;(3)通过自由的行使其自然权利所得。在成熟法时期,人们认为第二种获得财产的方式应该受到极大的限制,甚至在将来被彻底取消。但是干预过去已经由此获得东西的任何想法显然是不能容忍的。以这个法律发展阶段的眼光看来,乔特先生(Mr. Choate)在所得税一案之判决中所说是完全正确的。他认为,法律的基本目标就是"维护私有财产权"。

如果依我之见,正如成熟法在很多地方类似于严格法,法律肯定已开始进入一个在很多地方类似于衡平与自然法阶段的新时期。那么,我们可大胆断言正在度过的这一时期对司法作出了永恒贡献。显然,它的重要法律制度是财产和契约制度。它的贡献是努力取得实施个人权利的成就。因此,19 世纪的法哲学将个人权利作为法律体系的基础。

18 世纪末,完成了从衡平与自然法阶段向成熟法的过渡。在欧洲大陆,法典化运动起始于 1749 年的弗雷德里克大法典草案。1804 年法国民法典则集 18 世纪法学家学说之大成。到 1896 年德国民法典创立一个新的模式之前,法国民法典实际上为罗马法世界的所有法典提供了蓝本。在普通法世界，曼斯费尔德爵士把商法引入英国法，衡平已形成制度。因此，1818 年埃尔顿勋爵*说衡平的原则同普通法的规则同样的固定和统一。而美国的权利宣言正在把人的自然权利法典化。这个固定化过程的完成，同法哲学划时代的变化相一致，历经了一个多世纪。自然法理论已经完成了使法律自由化和现代化的使命，并在当时成为法律稳定化运动的力量。人们过去认为可以发现一个确定的、永恒的原则体系。从这个原则体系出发，通过纯粹的逻辑运算，一个包罗万象甚至连每个细节都完美无缺的法律体系可以推导出来。立法者的任务就是用法典的形式推广这个推论。他们还认为，也可通过理性而一劳永逸地发现这些原则，因为这些原则只不过是抽象人生的表现而已；也是抽象的个人行为内在的理性原则。可这种法理学方法已是明日黄花了。格劳秀斯合理化的法律哲学已经完成了它的使命。它不再能促进法学的发展并且暂时的发展也无必要，时代的要求不是法学的发展，而是对法律进行分类，解析而形成体系，以使法律表现出确定性，并保证安全。人们为使法律稳定求助于哲学，正如两个世纪以前，人们早已为法律的灵活易变而求助于哲学。虽然，18 世纪自然法已成功地引导了法典化，并使其成为一个完美的体系，可自然法在 19 世纪法律中遇到的哲学难题已不可同日而语，但它留给个人判断和思维以太多的空间以致不能给法律提供满意的理论基础。的确，哲学无政府主义者就是建立在自然权利的原则以及个人良心是否

---

* 全名为斯科特·约翰·埃尔顿勋爵(Scott John, Lord Eldon, 1751 ~ 1838)，是威廉·斯科特的先弟，他对衡平法的重大贡献在于：试图确立衡平法的原则，使之像普通法规范一样固定且易于查明。——译者注

服从义务之最后仲裁者的自然法观念之上。因此,已被大家接受的自然法理论在伊曼纽尔・康德(1724～1804)手中受到致命的打击,是时机使然。康德挖掘了 17 世纪、18 世纪法哲学的基础,并代之以一种新秩序化的理念(new order of ideas),而这些新观念正成为 19 世纪法律稳定的基本要求。因此,与法律体制和其他年代风行的法律原理斗争的现今一代常常发现它们处于牢固地位,实际上可以在 19 世纪的法哲学中找到它们遥远的端源。

康德和他的追随者们在法律中遇到的第一个难题是法之于自由的关系问题。康德生活在一个法典化时代,一个专制政府时代。外部的强制和高压被认为是这一时代之必然。但他也生活在法国大革命时代,一个要求用其他一些基础而不仅仅是权力来支撑专断和权威的民主政体时代,是一个要求主张最可能广泛行动自由的古典经济时代。因此,问题在于怎样协调外部强制和个人行为自由这两种观念。这个问题提供了在上个世纪所有法律基本的哲学争论的线索。康德通过系统阐述大家熟知的著名的法的正义原则解决这个难题,他设想对所有人都具有机会均等的观念。这种机会均等恰如这一观念本身所示的那样,没有丝毫人为或外部的障碍。换言之,他在正义观念之下构筑了一个新的哲学基础,即最大限度的个人自我权利主张。这个观念随同宗教改革运动一同出现,因此能够在 19 世纪的法律中获得其最终的逻辑发展。

直至康德时期,所有的法学家就法律科学方法上已取得共识。他们在琐细的问题上仍有诸多分歧,但他们一致认为,应用哲学方法和推广自然法,可以检验所有的问题。由于康德否定古代自然法*的影响开始初露端倪,法哲学在一段时期被推到了死胡同。直到本世纪,法哲学才开始重新获得它在法律科学中曾经享有的地位。因此,历史的和分析的方法成为19世纪的法理学方法,尤其是在英美法律思想中更为显著。英美的上一代法学家确信,在他们的影响下,实现了法理学从哲学的完全分离。在某种程度上的确如此。这种分离充斥于整个普通法领域。遗憾的是,我们把它推向了极端。成熟法对确定性和稳定性的渴求,商业和工业社会在财产安全和交易安全方面的社会利益的重要性都使法律追求分析的方法而非哲学的方法。法学家们的任务是完善已经发现的法律体系而不是创制新的法律体系。自然,上个世纪的这一总趋势在美国最为明显,因为诚如上文所述美国法是19世纪的产物。美国的古典法时期,即从独立战争到南北战争,法律是调整多于发展的时期。它不是一个创制时期,而是代之以将普遍认同的法律素材编纂成更好的形式,并发展成协调一致的法律体系的时期。因此,就其演进的总体表现来看,它是一个稳定的时期,同法律的成熟时期一样,其稳定性绝不亚于严格法阶段。因为在这两个阶段,法律都沉醉于自己的成就。这种法律的进化时期,要求并依赖于分析而不是哲理。现在,法律处于成长时期,在此期间,法律易于变更,从外部输入的各种思潮正在更新着法律,那么哲学在这段法律历史上已扮演了主导角色。因此,一方面,今天法律哲学正在复苏,因为我们进入了一个被称为法的社会化运动的法律发展新阶段;而另一方面,19世纪的产物美国法

---

* 指宗教法之父格拉提安(Gratian)将古代自然法与神法统一,认为自然法是神法(Law of God)的一部分,永恒不变,而超越习惯法的实在法。——译者注

仍然固守哲学无用论的旧套。实践的效果证明,其结果陷入了我们从 18 世纪继承下来的法律思想之绝对观念之中。朴素的自然法实践者采取在学习中获得的一些原则,并运用所熟悉西方各国的全部法律原理,还有进入我们初级教科书和来自 17 世纪、18 世纪欧洲大陆的公法学家关于宪法方面教科书中的自然法和自然权利的一些原理在其法律实务中各行其是。自然法发展达到登峰造极的历史法理学派在法学院中大行其道。

如此盛行于美国法律思潮中的绝对观念从两个途径来自格劳秀斯。途径之一来自布莱克斯通,他的基本主张与格劳秀斯一脉相承;途径之二来自 18 世纪和 19 世纪初追随德国和法国公法学家和私法学家的美国公法学家,但它们主要来自前者。在全美大多数一流的法学院中,法学教育同布莱克斯通分离那只是当代的事。在许多州的律师资格考试中仍然要求测试这些老套的法科知识。这就是我们漠视法哲学的实践之后果。

有两个运动代表了 18 世纪的法学思潮。首先是纯粹法理学的运动,这个运动继之以法律就是理性的观念,认为权利和正义观念至高无上。在这场运动中,正如我们在各处所见,个人权利和正义以及个人权利的实现作为永恒、绝对的客观存在高于国家和社会,作为国家和社会的存在仅是为了保护这一客观事实。其次是视权利为人类意志的产物、社会契约之自然延伸立法运动。因此,无社会组织即无权利,若无政治组织也无正义或法律。在这场运动中,法律被认为来源于主权,国家命令的观念和公意志意识都成为至高无上。这两种理论被布莱克斯通天衣无缝地协调在一起。然而,在 19 世纪,这两种理论分道扬镳了。第二种思想融入了政治思想和立法科学。所以,在边沁之后，自 19 世纪中叶在英国法律思想中占统治地位的分析法学家吸收了这个理论。但是分析法理学派的一支主流在美国过去从来没有找到市场。第一种理论融入形而上学法理学和历史法理学。分析法理学在英国形成气候的时候，它已为美国律师们普遍接受。不久，他披上一件科学人外衣从德国回到英国并被奉为主臬(settled conviction)。

在 19 世纪，在五个法哲学流派对我们现在主旨产生重要影响。我们可以称这些流派为形而上学派、历史学派、功利学派、实证法学派、机械社会学派。这是一种典范的方法，以相同的结论可以支撑截然不同的哲学前提。换言之，所有这些理论从不同的出发点通过完全不同的途径，最终达到相同的法理学立场。因此，通过法律和正义的观念，诸如保护最大限度的自我权利主张来改善人类环境的自觉努力之徒劳已成为法理思潮的至理名言。

18 世纪的正义意味着保护绝对，永恒、普遍的个人自然权利之际。康德认为，那意味着保护每个人的意志自由直至所有其他人的意志相协调一致。形而上学法学家们发展了这种观点。他们的基本立场是整个法律体系都能从权利的概念中推导出来，依这种方式，对各种制度和原理的理性批评，即可建立起一种理想的法律体系。通常，他们把康德的保护自由意志的观念作为一种法则推演为其自由的实践结果；把康德的普遍行为自由理解为个人自由。因此，以他们的观点看来，法律的目的就是保护每个个人最可能广泛的自由。任何制度或法律原理，所保护的抽象个体自由的多少，是其符合正义和权利与否的试金石。虽然直到在 19 世纪末，形而上学继承者仍可出现在法学家的著作之中，但形而上学方法在 19 世纪中叶之后逐渐陷入广泛被质疑的境地。历史法学派的法律思想统治了法学界将近一个世纪,经过对历史法学派的影响,形而上学的那强烈个人主义正义观,直到社会法哲学派为法学家提供新的思考途径之前,仍统治着法理学。形而上学法学派的体系丝毫没有引起英美法学家的在意。然而,它那核心的自由观念与18世纪美国法的个人主义完全吻合。因此,当实证主义法学派提供可达到相同后果的新的更有吸引力的模式时,从自由概念中得到的推导方法逐渐被美国接受了。

萨维尼,历史法学派的奠基者,把康德的权利公式变成了一种法律。康德认为,权利是根据普遍法则,使一个人的意志和其他人意志协调一致的一种条件。萨维尼认为,法就是这样一个规范体系,它决定每个个人的行为范畴,在此范畴内的行为会受到自由机会的保护。如果我们对法律历史采纳一种理想主义的解释,并且认为,法的发展是康德的权利思想在人类司法经验中的一个逐渐展开的过程,那么我们可以理解历史法学派的主张。因为,萨维尼发展了18世纪法理学一直争执的两个观念之一。中世纪法学家把法律的基本要求寄托在神学上,17世纪的法学家从理性中推出法律,18世纪自然法学派是从人类的本性推导出的,而萨维尼通过历史发现,实际上,历史法学派和形而上学的法学派有很近的血缘关系。二者都假设一种理想的法。前者试图通过历史来发现理想的法,而后者力图通过一个抽象观念的逻辑演绎来发现理想的法。诚然,要协调这两种观点并不困难。由于历史法理学家采纳法律历史的理想主义解释,因此可以这样说,法理学具有两面性。一方面,历史法学派不得不求助于对自由观念的历史阐明,因为人们通过它去发现实现的规则。从这点来说,它是历史法理学。另一方面,它必须涉及抽象概念原则的逻辑演绎,这就是哲学法理学(法哲学)。大多数 19 世纪后半期的德国法理学的阐述就是沿着这个方向前进的。哲理学派和历史学派都承认法律是发现而不是创造。前者是通过形而上学原则之推导来发现,而后者是通过历史研究找到。无须赘述,二者都确立了现行法律原则的理想发展;历史法学者之所以成其为历史法学者,是因为他们如此阐释历史,哲理法学者之所以是哲理法学者,是因为他们很少是律师并且从历史学者那里获取史实和例证。

首先在美国出现德国历史法学派的理论是 1849 年由卢瑟·S. 库欣在哈佛大学法学院开过的一个讲座,并于 1854 年出版了其讲稿内容。值得一提的是,后来的詹姆斯·C. 卡特,在这个课程开设的最后一年是哈佛大学的一个法科学生。因为,如果不是早年接受历史法学派理论教育的影响深入脑海,那是很难理解,在 1905 年,以他这样一个天才的法学家竟会机械地同意萨维尼的主张。但是,在 1870 年之后,去德国留学的美国法科学生日益增加,德国的观念在美国大学中生根之前,历史法学派的理论在美国没有显著影响。同时,另一个法学思潮已深深地影响美国的法律思想。这个思潮就是法律史的政治解释以及沿着同一方向前进的,由亨利·梅因爵士发展了的政治法理学理论。梅因在其他相关方面的政治解释,我在前文已作了足够的说明。这里有必要一提的是,从其他的理性方面看,他那从身份到契约的理论进程是如此完完全全地适合美国法传统的个人主义色彩,而且同本世纪以前遗传下来的法律教科书的绝对理念是如此吻合,以至于梅因的这个理论很快地完全占据了美国法律思想领域。

如上所述,历史法学家、哲理法学家一致认为,法是发现的,而不是创造的,区别仅仅在于发现的内容而已。哲理法学家认为,正义和权利的原则是发现的并用规则表达出来。历史派法学家认为通过人类经验发现人类行为或社会行为的原则并逐渐发展并表示成为一项规则。所以历史法学派否认法律是良知的产物或决定人类的意志。他们怀疑立法的功效,因为立法试图达到不可能达到的目的和创制不能创造的东西。他们认为,法律的有机体是原理的著述和司法判例,正是靠这个民族的生命最初在其传统的法律规则中表达出来,并通过模制这些规则符合现今环境使其自身感受到逐渐在成长发展。

如果认为我否认或者忘记历史法学派对法律科学的伟大贡献,那是对我的误解。但是,在过去的 50 年间,它在美国法理学思想中的垄断地位产生了最为消极的一面。因为历史法学派也在演绎推理(*a priori*),并且给予我们的理论同自然法学派的理论一样绝对。每一理论都是从固定、专断和不可改变的标准中推演出来,并用以检验现行的法律原理。历史法学派的法学家摒弃了上个世纪哲理学派的一些前提,却继承了他们前辈的方法,仅仅代之以一些新的前提。他们确信法哲学的普遍原则不能从抽象的个人本性的推导中发现。但他们并不怀疑存在这样的原则,并希望通过历史的考察来发现它们。在美国比其他任何国家都传播得更为深远,因为普通法把英国人的权利与人类的权利相融合似乎表明,在美国至少普遍的原则在法律历史的过程中已被采纳。即使当今,总的说来,所有这些推导的基础仍是古典的普通法。并非自然法体系比自然法曾更全面地依靠历史法学的前提。因为其他自然法体系提供来自外部发展的一些观念。而我们在历史法学派的统治之下,对法律的唯一评论是在法律自身中发现法律。此外,来自外部的任何补充或修订都会回到相同的检验。只是在 1905 年,一位美国律师界的头面人物完全沉醉在历史法学派的概念之中,他告诉我们,假设立法者无意革新普通法,并尽可能假设制定法意味着宣告或继续坚持它的原则,那才是睿智的原理,因为制定法除了削弱普通法之外,对于处理任何私法关系不会有什么效果。在这种原则之下,社会改革者和法律改革者不得不常常面临这种现实,即代表他们劳动成果的立法不能得到适用这些法的制定者的理解,而且立法需作严格解释,并使其尽可能少的干预现状。

耶林讲了一位教授的故事,这位教授接到一个商法问题。他完全根据罗马法的原则,即欧洲大陆普通法和以后法学教育的基础,作了详细和完全合理的回答。当教授被暗示忘记提及显然在商法典上有关规定的章节时,他又回答说:如果商法典的这些规定与推理和罗马法不一致,那则与他无关。当然,我们应该理解这位资深教授,在一个施教的传统法和藐视立法者的历史法学派的法学家们的影响下,我们都在十分相同的道路上前进。我们的教科书作者们将不遗余力地从每个遥远的角落收集最陈旧的判例并不时地援引它们。但是他们很少引证这些在我们的普通法中已占有一席之地的标志性判例之外的任何成文法,当他们一定要引用制定法的时候,几乎总是仅仅引证被司法判例适用或注释过的制定法。当然也不能说这种做法是可用制定法的不稳定性来作遁词。部分制定法是不稳定的,但多数是完全稳定的,而我们多数的判例法则是不稳定的。问题不在制定法的稳定与否,而是更多读者对制定法不感兴趣。他们并不觉得制定法与判例是同等意义上的法;如果得到一个案子,其中体现了能够被适用部分制定法,那么他们不会引证这些制定法。因此,即使在他们认为有重要意义的立法并非仅仅是对普通法的陈述时,法院通过引证重要判例和采纳他们表述以制定法通过的法则,使制定法实际上常常成为对普通法的解释。这样,基于商业目的统一国家立法的许多工作,受到无效后果的威胁。

当形而上学的法学家正在从一个形而上学的自由概念中推导出整个权利体系和法律体系之目的的观念时,另一个法学家的学派正在寻求一个立法的实际原则。形而上学派是一个法学家派。他们的后续者把他们的着眼点放在作为一个整体的法上——放在过去已流传下来的一些体制上——他们探求这些体制所依据的原则及其可以评论的原理,并指导它们得以进一步发展。另外,英国的功利主义者是一个立法者的学派。当形而上学法学家寻求什么是批判主义原则时,功利主义法学派则寻求架构一个新法律体系的原则。功利主义法学派的奠基者边沁把法律改革视为他的终身工作。在他的法律改革工作中,他采用一项实践的原则,称之为功利原则,即规则或措施是不是有助于人类的幸福?他的评价原则之一是一个法规或原理或制度在多大程度上导向或促进人类的幸福?这一标准可以很好地用来粉碎个人主义的正义观。但此时正当是亚当·斯密和伟大经济学家们的时代,个人主义观念是如此坚定地盘踞在人们的头脑之中,而不能受到任何质疑。绝大多数人可能的最大的善意的标准,即有利于绝大多数人幸福的标准是用于衡量每个人行为之尺度,将更加接近于某些新的正义观。但是边沁并不怀疑个人主义,他徘徊在个人的最大幸福这个意义上的功利和大多数人最大的幸福这个意义上的功利之间。也许接近他的选择是设想最大的普遍幸福要通过最大限度的个人自我权利主张获得。自然,他的法理学原则并非不同于形而上学法学家的法理原则。他认为,每个人是他自己幸福的最好仲裁者。“因此,立法应该旨在除却加在个人行为自由之上的所有限制,这种限制为保护其邻人相同自由也是不必要的”。显然,实际上边沁的原则是允许最大限度的个人行为自由同普遍个人行为自由相一致。事实上他的法律目的观同形而上学派的法律目的观——保护最大限度地抽象个人的个人自我权利主张并无二致。这同普通法上的法律工作者所继承的个人主义是完全相适应的。

边沁和他的嫡传弟子们相信立法。他们借助上个世纪上半叶的立法改革运动,把他们的深刻影响留在英美法中,而他们正是这场运动的先驱。但是,这场改革运动不是一个创造性的运动。在许多方面同罗马法成熟时期查士丁尼的法典编纂相似。它是把法律发展的前一个阶段已经达到的成熟观点转变成形式化和逻辑化的结果。边沁的立法是删去陈旧部分,解除了从中世纪继承下来的在个人行动中的羁绊,并且用一种更易接受和更易领悟的形式表达法律。这种立法观念与边沁主张的对个人最小限度干涉之功利解释联姻在一起,导致了下一代的英国功利主义与历史法学派具有相同的立场。他们认为,除非在紧急情况或为了某种附带目的,立法就是一种恶行。历史法学派说因为力图去做立法不可能做到的事,即故意造法,所以它是恶行。新功利主义说立法是一种恶行,因为政府最好的管理就是让人们非常自由地竭力创造他们自己的幸福。应当指出边沁已经把安全作为法律秩序应该指向的主要目的。承认这一点就意味着在最大限度的个人自我权利主张中的安全是一种法律悲观主义萌芽;意味着法律不能为善的原理,也许我们仅仅只能防止某些恶行。边沁后来追随者之一马克巴依(Markby)说:"衡平也许受到了法律的阻碍,不能通过法律来促进衡平。"

19 世纪最后的 20 年,形而上学的法学家、历史学派的法学家、功利主义者都赞同的法理学观念似乎从一个新的领域得到加强。虽然,同社会学一样,社会法理学具有实证主义哲学家的基因,但就二者都是孔德(Comte)实证主义哲学的继续发展,就这个意义上看,社会法理学的发展更多地取决于从欧洲大陆的形而上学学派和历史学派的衰败中崛起的社会哲理学派。然而,最初的实证主义法哲学和所谓的法社会学与它们的对手在方法上绝对没有两样。孔德认为,宇宙被精确的机械规律所支配,因此,认为道德和社会现象也受同样的支配。第二代实证主义受达尔文的影响,认为进化受不可改变的机械规律支配。因而实证主义的和机械的社会学者探寻绝对的机械社会法则,这种法则必然的运作产生全面社会的、政治的和司法的制度,就如同行星运动一样完全同人类意志无关。实证主义法学家试图发现像地心吸力,能量守恒等类似的道德法则以及法与社会之进化法则。他们希望通过观察和经验来找到这些法则。但观察和经验之于实证主义,与形而上学之于哲理法学派,历史之于历史法学派所导致的结果都是一样的。因为,一则,实证主义者从历史学派的法学家那里获得资料,用形而上学派的形而上的眼光而非独立的眼光研究这些资料。再者,像整个 19 世纪一样,他们的潜意识里都受康德的影响。康德思考如此彻底地融为那个时代的一部分,以致 19 世纪的所有四个学派虽以不同方式和不同原理,但都达到法律之目的。这样,实证主义的观点与法理学,特别是与美国的法理学志趣相投。斯宾塞的著作在美国有巨大的市场。司法判决中引证许多判例体现他的观点的影响。从而,机械社会学在美国法学家著作中徘徊的时间比在其他任何地方都长,因为他的观念似乎确认了历史学派的观点。许多开始意识到历史学派坚守阵地的时间不会太长的历史学派法学家引以自豪的是他们将他们陈旧的法律观赋予机械社会学以新形式而得以前进。

像历史学派的法学家一样,19 世纪末以来的机械社会学者用法律进化和延续变化的眼光观察法律,并谋略把这些变化与社会本身经受的变化联系起来。历史法学派的法学家发现在这些变化背后的形而上学法则。机械社会学者代之以物理规律。就实际目标而言,其结果都是相同的。的确,特别是在美国非常时尚的类型,即机械社会学,等同于经济规律的那个阶段,这些被想象的机械规律完全决定法律体系的内容。毫不夸大地说,经济学的解释同实证主义结合产生一种宿命论的自然法。古代自然法寻求一种永恒的原则体系使实在法必须与之相一致。这种称之为新的自然法则主张寻求一种支配法律发展的规则体系。面对这些规则体系我们可做的将使法律与之一致。这些相同规则的运作将改变法律,而且在各个方面改变法律使之与固定的、确定的规则相一致的程度能够与其决定自然事件的程度相当。多数人可尽力而为的就是观察,也可学会预测。剩下的,自然规律将坚持它那不屈的过程,而我们也只能无能为力地袖手旁观。如果法律是一种必然的结果,如果无论是立法者或是法官造法或发现法律仅仅在于"使社会上占优势力量的愿望同客观事实(*de facto*)相一致",那么促进法律的主观努力则仅仅是表面上的效果。18 世纪的法律理论,即使不考虑对法律体系基础变化的影响,它也是在驱使我们去审视其每个细节并努力使之符合确定的理想蓝图。它承认立法者和法学家都有他们各自的职能。历史学派否认立法者的任何作用,该派认为法律像语言一样不能被创造。二者都在被普遍接受的传统基础上孕育成长。实证主义者的经济学解释否认法学家的任何作用。历史法学派已将立法无用论的观点强加于我们的教育之中,并且还加上法学(家)无用论观念。所以,19 世纪受法哲学熏陶出来的一代法律工作者对努力作用中的现代信条反应迟钝就不足为奇了。

19 世纪末,社会哲理法学家的出现以及在 19 世纪的最后 20 年里已经完全摒弃了绝对观念的社会法理学的发展在欧洲大陆产生了一个新的法律科学,其观念慢慢地在美国的法律思想中生根。但是,正如下一讲中我要力图表明的,美国法官的高度判断力引导一场有损于司法判例外观尊严的运动,而司法判例却曾走在我们的思想和教学的前面。因此,我常常建议在对运动的回忆令人不安之时,我们急迫的改革者应该要求,而不应撤销法官或司法判例,同时只能召回法学教师和保留法理思想。在我们考虑到凡是检索到英文版科学的东西都是确认法官们早已培育出的观念时,当然,我们繁忙的法院有更多理由来为最新社会的、政治的、经济的科学接触而辩解。

我们需要反省上个世纪的许多法学理论。然而,那个时代的法理学思想并非是空虚无物。它可告诉我们通过法律可以取得的成就以及依靠有效的努力有意识制定法律都有自身的局限性;它告诉我们绝大部分法律总是必须通过对诉因的推理应用来发现,并在其实际运用中检验一些原则;它还告诉我们法律不像衣服可以被随意扔掉或替换,而是像语言一样同我们如此密不可分的一个组成部分以致传统材料的发展一直是法律进化的主要力量。因为常常缓和新自由化运动时期的热情，所以上个世纪的法哲学，也许可以把我们从衡平与自然法的泛滥中拯救出来，可由此产生的一个后遗症则让我们对现行的刚性法律有太多的工作要做。

第七章　司法经验主义

当汤姆·索耶和霍克·芬恩决定在关押杰姆的小屋下面挖洞把他救出来时，霍克潜意识里似乎意识到，他们已经发现的老式镐是适合这种场合使用的工具。但汤姆知道得更清楚，以他的知识面，他知道在这种情况下该怎样做。于是他要求拿餐刀来，"那没有什么两样"，汤姆说，"真蠢，就这么办，这是通常的办法，我从来没有听说过其他办法，我读遍了关于这种情况的所有书籍，他们总是用这种餐刀挖掘。"于是照本宣科，孩子们开始用这种餐刀挖洞一直挖到将近深夜。他们疲倦了，双手血泡，可几乎毫无进展。一个灵光突然闪进汤姆的法律头脑，他丢下餐刀转向霍克，语气坚定地说；"给我一把餐刀。"霍克接着讲道，"汤姆自己手中有一把餐刀，但当我把我的餐刀递给他时，汤姆却把它扔得老远"，又说："给我一把餐刀。"

“我愣住了,但随即开了窍,我在那些老掉牙的工具中翻,找到了一把鹤嘴锄,把它递给了汤姆,他按住它继续干,再也没说一句话。”

“他总是那样特别,满脑子的原则。”

汤姆又一次演示早期法律发现的方法之一。当制定法或习惯法规定用“餐刀”来实现用“鹤嘴锄”更能胜任的任务时,用“餐刀”经过一些时间的徒劳努力之后,对我们的祖先而言,似乎较好的办法是坚持原则——但实际上使用“鹤嘴锄”。他们承认法律不应该改变。法律的任何变化都会充满危险。但是,另一方面,使用餐刀又是极大的不便。因此,虽然法律坚贞不移地要求一把“餐刀”,可法律一直在设法操动手中的一把“鹤嘴锄”,并以虔诚信仰捍卫它,它是在运用约定俗成的工具。

以实例的方法回顾法律史上一些老生常谈的东西是值得的。古代法制建立在家庭之上并且必然要求任何法律的、社会的和宗教制度得维护家室的连续性,但它所遇到的首要难题之一就是无后嗣:缺少儿子使家庭永恒崇拜宗教和法律教义所要求的对象,没有一个人想到要废除这些教义。但通过收养的办法可以避免教义的明显不便和不公正。稍后,在不触犯古代教义的情况下,一种更好的处置遗产的办法出现在一些罗马人的身上。为什么不把他的家业和财产“卖”给他希望转移他财产的人呢?如果那人出卖其家业和财产,而买者是一个诚实的人,在家业及财产转让时,买者将会履行卖者为转让和处分财产之目的所提供的口头说明。一旦口头说明具备出卖的形式——也就是卖者意愿被兑现时,十二铜表法就赋予这种口头说明以法律效力。罗马的婚姻法中可以见到一个更好的例子。

唯有宗教婚姻才得到宗教的承认,从而具有法律效力。但宗教婚姻并不向庶民开放。因此庶民不享有对罗马法所确认对妻子的夫权(*manus*)和对子女的支配权(*potestas*),并且他的家庭不具备法律地位。这个法律并未被改变,也未制定允许对妻子不享有夫权的婚姻和对子女不享有支配权的家庭之法律,而是购买或事实上占有和求助于追诉时效法规而从另一途径使社会庶民的妻子进入夫权之范畴。普通法中充斥着许多类似的例子。当盎格鲁—撒克逊国王想把他的安全庇护交给某个人时,为了满足法律的要求,国王就公开地握住这人的手,赐他大臣或仆人称号,使他和他的家人享有国王赐予的安宁权。在宣誓断讼法时,有一种由被告的邻人(通常 11 ~ 12 人)担保的简单发誓,该誓词是真诚的、没有发假誓的,使依据简单合同的债务诉讼成为无效诉讼。虽宣誓断讼法未被废除,但没履行一个承诺而法院判决为侵害行为扰乱社会治安,除非立即给出某些事物作为交换,并可利用我们的合同法而成为合同约因的形式。因延误、不动产诉讼的形式主义或由于战争导致审判出现意外,使权利人得不到适当救济,则可借助一个虚构租约或虚构收回不动产诉讼以便构成另一种救济来满足这种情况。虽然令状和宣告的严格和快速形式未能为非法处理原告动产的侵占行为的新案提供帮助,但令状和宣告的形式仍没有改变,而是从这个侵占行为中假定原告丢失了财产而被告拾到财产,结果我们能够在美国历史上的判例汇编中读到这样的判例:原告偶丢失 100 辆货车,而被告偶然发现它们并据为己有,就好像它是一只丢失的表或钱包似的。

后来,法律发现一种更新的,而不那么原始的模式。这种使用虚构而产生的原始模式非常类似我们孩提时代"玩家家"

(let's play),还没有从政治制度中消失。将立法钟拨慢是司空见惯的做法。至少,美国一个州在那个诞生宪法的年代要求将每个法案在参众两院三读全文(*in extenso*)。今天我们仍可看到五位议案宣读书记官,同时宣读五个不同的议案,而立法者则靠阅读晨报来回答选民的信件。

普遍应用虚构使人们习惯有意识地改变法律,更大胆的手段得到使用之后,使用特殊虚构解决特殊案件或改写个别规则,如上面所提到的那些,可用称之为一般虚构所代替。这种虚构用一种更为彻底全面的运作改变或创造整个法律部门,引入新的原则或新的方法,而不能只孤立某些法则。这些普遍的虚构就是注疏、衡平和自然法。

注疏作为一种法律发展力量,不得不在很大程度上依赖立法因素。在原始时期,法被视为神授和不可改变的,最多就是赋予世俗法官注疏神圣经文的权限。后来当习惯法已被权威性地用程式表达之后,严格法阶段对法律变化和渴望对司法功能经机械限制的反感导致力图控制对经典原文注疏和逻辑发展的造法,以求得法的统一性。在成熟法时期,分权的教条要求法律的创制和运用完全分离,以至于法官所要做的仅仅就是根据既定的实质性的注疏规则来确定立法者的实际意图,以便用法典治理的国家力图再次使其法院只不过成为一个自动机械。因批评家对此已作了评估,所以 19 世纪欧洲大陆的法典理论使得法院成为一种司法自动售货机。这种必不可少的机器已事先用立法或已接受的法律原则准备好。一个法官唯一能做的就是把案件事实从上面放进去,并从下面取出判决。这位批评家说,的确,案件事实并不总是适应这个机器,因此,为了得出某种结果,我们不得不压或摇一会儿这台机器。但是,即使脱离纯机械的极端情况下，这种判决丝毫也不能归功于压或摇机过程，而只能归因于机器本身。这种司法判决过程的概念是不能经受今天所有法律的和政治的制度的严格审查。人们坚持认为，在法官们发现和适用这种概念之前，知道去哪里找到先前存在的规则、它们以什么方式存在、如何推导出它的形式以及怎样获得其权威。在这类问题探究出结果时，这种规则似乎已羽翼丰满地从法官头脑中出现。设想司法功能仅仅是一种注疏和适用而导致结案，而法院正在滥用篡夺的权力。与其说这个结论是真实的，毋宁说我们司法功能本质的政治理论是不健全的。这绝不是真正的普通法理论。就其渊源来说，它是诞生于绝对与不可改变的法律时期的一个虚构。如果所有的法律规则都以不变的形式包含在神圣的令状之中，或在十二铜表法、法典或公认的法令大全之中，或者包括在其原则被权威地证明为一个王国习惯法之中，那么，不仅在注疏的伪装之下通过推导和类推延伸必然遇到新的情况，而且所有法律的不可避免的变化也必定会隐藏在相同伪装之下。以这种方式开始，在政治理论中，通过吸收拜占庭统治权观念，随之接受统治者意志创造和解释法律的拜占庭观念，机械的司法职能观念因袭下来，并普遍采纳孟德斯鸠权力分立理论而得到巩固。今天，所有的人都认识到甚至坚持法律的一些制度定会发展，法律原则相对于时间和地域不是绝对的，而且司法理念论并不比一个时代的理想走得更远，这种虚构应该摒弃。无论法学家限制审判职能的纯机械的法学理论是多么完美，司法造法的过程在所有的法律体制中总在进行而且会一直进行下去。

普遍的虚构连同注疏一起同样运用在他们最早的衡平法和自然法之中。在英美法中，大法官声称被一个高于严格法的道德法规神圣性的道德法规体系支配,而且它约束人们去履行被衡平法和口授公平原则指引的道德义务。罗马法时期,法律学者认为其本身必须受到约束重视那些依本性发现的理性原则。通过这些理性原则,他们可自由地判断所有应该审理的案件,同样,凡具有可塑性的规则亦应可定型。虽然在理论上,传统的规则是不容忍改变的,但其结果,在每个案件上均将道义注入法律并以道义改造法律。这些给法律在过去的发展年代以冲击的普遍虚构完全不能适应成熟法,其稳定性更是一项不可缺少的,因而只有放弃使用。注疏正是19世纪的普遍虚构。

法律的发展首先是潜移默化的过程。此后,当它或多或少意识到,或者说是在虚构的外衣下悄然发展。其次,通过普遍虚构羞羞答答地有意识发展。最后,它可运用法律科学和经司法经验主义检验的立法有意识地、审慎地、公开地发展。当世界上其余的国家撇开古典法学家的自由司法方法,沿着康士坦丁和查士丁尼的不容变通的立法条文和接受约束的法官司法奔向罗马,寻求行使现代欧洲的司法审判时,普通法国家的司法经验主义在发现和创制一个法律发展体系方面并非毫无成就。

一个发达的法律体系由两个因素构成。一个是传统或习惯的因素,另一个是制定法律或强制性因素。通常,后者是现代要素,而目前,就法律形式而言,它倾向于占主导地位。前者是较老的或历史的要素,通过类比信赖这种要素司法发展继续进行。然而,这并非普遍真实,在一个法律体系中,强制性因素是现代因素,而传统因素仅仅表明来源于过去。其实,这二者之间是相互依赖、互相矫正的。所以无论任何一方,长时期占据法律领域而变得过于固执和刚性,恢复法律必要的灵活性则需求助于竞争对手方可。然而,就整体而言,传统要素更为重要。首先我们必须信赖于传统因素来解决所有新问题,因为立法者只能在这些新问题引起重视后才有所作为。并且,立法者即使制定出关于新问题的法规,如他的预见性扩大到该问题的每个细节或者说他所能做的远远超过提供的宽阔范围,如果不是原始的纲要,那是十分罕见的。所以即使在制定法的领域,法律体系中的传统因素仍扮演重要的角色,我们必须依赖于传统的因素去填补立法的空白和发展由立法引入的原则,并对它们作出阐释。我们不要忘了,所谓的注疏并非仅仅是对立法意图的确定。如果是,那将是一个最简易的,而非最艰巨的司法任务。立法机关已有一种意图并探求与表述它,那算不上是个注疏问题。在无数的情况下出现这样的困境,立法者没有思想准备面对这样困境,因为他们从未想到这种情况。的确,或许立法者从来没想过这些,这里,如果我们坚持教条的权力分立,法官们无论愿意与否,在某种程度上都必须在注疏的掩饰下创制法律;要使注疏像法律那样可靠而不似武断的东西,则将取决于司法上的和法学家的传统,因传统中衍生出司法造法的材料。因而,即使在旺盛的立法年代,法律体系中的传统要素必然常常用于补充和完善同时发展制定法律的因素。最终,前者通常并吞后者并把立法结果纳入传统体系之中。再者,大片领域总是不适合制定法律,而且其传统因素则是至高无上的。

法律科学运用传统因素的材料产生影响,并分析这些材料使之系统化,还追踪这些材料的历史,探寻其哲学基础,并与其他法律体系中的传统材料相比较。用这种方法,法律科学删去武断的法规,根据理性重塑法律原则,并调和前后矛盾之处。将来,在法理社会学派影响下,法律原理及其规则之社会运作及其在诉讼中产生效果的研究增加预测任务以确定它们达到法律目的之距离。另一方面,除了立法只提供运用法律科学所制定出的格式并得到司法经验主义的赞赏之外,立法为了其功能而不得不引入一些前提。过去,在法律是永恒和不可改变的绝对观念影响下,为了进行法律上的变革,通过恢复没有法律的公正和求助于某些像衡平和自然法那样的一般虚构来引入较大规模的新前提假设。今天,这样的法律变革已不需要了。我们已经开始相信有意识地创造法律——也许,的确,我们对可能获得的成就太过于迷信了。但是法典的真正功能,正如今天的法学家所认识到的,并非仅仅是将过去法律发展的成果置入更美的和更权威的外形之中,而更多的是为了法学的和司法的新起点奠定一个基础。这样,法学家们可研究传统的材料,立法者们可提供新的材料。根据这些材料,法官们通过在具体的案件中检验法律原理、规则及标准的过程,观察它们实际运作,并依据种种诉因缘由经过逐渐发现如何适用它们并借助它们以主持公道,创造实际上的法律。普通法从一开始就是这样的,世界上其余的国家正开始接受这样的理论,而由于18世纪使法院成为自动售货机尝试的失败导致欧洲大陆的法学院摒弃了拜占庭的法官对于立法者的那种关系的观念而转向古典罗马法的更为自由的原理。

法律只能由立法行为或由君王权威性的注疏创制,并非总是依罗马法原理造法。相反,在西塞罗时代先例被列入法律形式。在2世纪末,一个法学家可以根据敕令的授权,规定判以相同结果的那些案件之根据具有法律效力。但是,罗马的判例法是由法学家而不是由法官们制定的。有鉴于我们把司法权委托给法律上博学的终身法官,但又吩咐他们听取来自没有受过专业训练的陪审团的案件事实。古典罗马政治制度则把司法权交给掌握案件并没有受过专一训练的审判官,并吩咐他们从正式授权的法律顾问官那里接受法律。在与法律专家们的意见分歧时,法官必须决定采取哪一种意见。

然而他们的判决,因为是一个外行仅仅对一个案子所作,没有特别重要分量,也不会被保存下来。具有重大意义的是法律知识渊博的法律顾问官的答案。他们的判决意见正是被追求的,并且,罗马法中最能经受时间考验的那部分就是由法律顾问官的判决意见组成。在罗马帝国,因为一种常设的司法行政官法庭发展起来,所以法律顾问官的功能衰退下来,而可靠的是,司法判例自身已经建立,但按照一种法律形式在各个君主时期还没有将立法、行政、司法等大权统一。在戴奥克里蒂安皇帝引向一种由查士丁尼以其汇编的权威性特征而传到现代社会的原理之后,这种原理就是:法官只能为一个案件目的审理特定案件,同时只有君主通过立法行为才有权力创制一种有约束力的规则,此规则可以指导其他案件,并常作为判决依据。在中世纪,这个原理背后有着不可动摇的查士丁尼权威已经足矣。但是,当罗马法由没受过专业训练的而却受到大学的法学博士来指点法律的法官首先适用时,无论如何不要指望这些司法官的判决能够获得法律效力。在莎士比亚的戏剧《威尼斯商人》中的一个案件实例可以说明这一点。为这种判决提供材料的法律原理作者才代表了法律的真正声音。

司法职务这一概念出现于欧洲大陆,在精通法律的常设法庭建立之后,这个概念仍继续存在。因为它似乎同权力分离的理论和 17 世纪、18 世纪发展起来的政治理论相一致。也同 18 世纪从自然法原则中推导出完美法典原理相一致。由于后者原则的影响,司法职务已成为立法者最喜欢的观念,为司法审判之目的而寻找法律(依据)则可使其成简单的忠实注疏问题。颁布的法则体系可以制定的如此完美以致法官在判案时,只要挑选出预先制定好的一条即可,通过适用确定的忠实注疏的法规发现立法者在法条中的意图,进而实现它。腓特烈大帝法典*就是依据这种理论起草的,这部法典旨在"以明察秋毫的谨慎,小心、细致应对各种意外事故,以致将来任何时候,不会有任何疑点出现。法官除了就某个疑点向皇家委员会咨询,并绝对地接受委员会解答的约束之外,对法典的解释没有任何自由裁量权。""法律的这样千篇一律,"舒斯特说,"同自然法的原理相一致,依据此原理可以设计出一个完美的体系。就此原理而言,没有什么必要的改变,因此,为了适合于任何可能的复杂情况,它能够被一劳永逸地制定出来。"

18 世纪这个原理对美国政治理论具有如此强有力的影响,以至于 1912 年,美国的一位参议员得意地告诉我们,反托拉斯法之司法解释所导致的不稳定性可以从他已经起草的一个法案中让我们解脱出来。他说:"用通俗易懂的英语列举每一个已知的惯例和手段并运用它们,一些组合已经抑制竞争,并禁止任何人再这样做。"我们的一所大学的一位政治学教授以相同的精神建议,应该剥夺法院解释法律的权利,把它授给推测与公众意愿更接近的某些行政实体,将法院的任务局限于适用规定的和注释的规则。尽管这些观念具有细心,审慎且经过专家程度化的制定法律和经以拜占庭法理原则培训过的法官和律师适用的优势,但这些观念中的两种:即在前面已普遍

* 1751 年普鲁士法典。——译者注

适用完善的立法条文和权威性的非司法解释,这两者在实践中均告失败。正如法制史清楚地表明,将法律解释与司法适用分离出来是不切实际的。试图将找到法律、解释法律、适用法律的职能分离开来也是徒劳无益的。例如,由皇家委员会的注疏计划在腓特烈大帝法典中尝试已经完全失败。似乎很早就没有理由推测这个执行委员会比立法机关更有远见。经验很快告诉我们,可以提前达到目的的大多数人必然设定一个大前提或一个指导性原则,而适用细节必然是司法实践或司法经验的成果。

然而,拜占庭原则根深蒂固。在 19 世纪,法律的确定性不是靠一个预先设计的、普遍适用的完整法律规则体系来获得,而是通过一个完整的原则体系以及对这些原则的适用和逻辑阐释的完整体系来获得。19 世纪,欧洲大陆的所有法典,除 1896 年德国民法典外,都是依据这样的理论:除了对已决的案件之外司法判例是没有权威性的,而且除了立法机构本身之外,没有任何人对法典可作权威性的解释。如果法典将有些问题搁置起来暂未解决,法官将被指示可以绕开以便审判案件。但是,下一个法官不能仰仗他前任的判决作为定案的根据,他将单独地重复那个过程。一个典型的例子可以见之于《法国民法典》第 5 条,该条写道:"法官对于其审理的案件,不得用确立一般规则的方式进行判决,亦不得用遵循先例的方式进行判决。"它的目的在于,正如一位权威评论家告诉我们的,防止法官们确立支配法院的判例法体系,防止他们"用司法解释方法矫正'制定法'中的错误"。(距《法国民法典》颁布)不到 50 年的时间,就要求立法强制下级法院必须遵循法国最高法院的神圣判例。到现在,一个世纪的经历之后,法国法学家开始承认,正在议论的这个条款(《法国民法典》第 5 条)的规定在事实上是失败了。今天传授给法国学生法律的初级教科书,面对《法国民法典》和已经接受的罗马法传统,毫不犹豫地说,司法判例课是法律诉讼格式(或形式)。在全欧洲大陆,新的法学院正在大声疾呼要求无拘束地适用法律进行司法裁决。应该承认,19 世纪,从法律故步自封中解救的途径是司法经验主义,同时这种经验主义靠法学家及立法者提供资料形成。

幸运的是,英美法的确进入了一个已经确立由司法判例造法原则的新的发展时期。诚然,我们必须反对权力分离的政治理论和教条*。而且,这些观念的影响以及 19 世纪强调法律的确定性确实导致了这样一个理论:除了对符合逻辑、潜在的、预先存在的东西出示之外就只有适用法律的司法裁决。因此,判决不能创造什么,只能靠提供证据。毫无疑问,在这种观念影响下,在上个世纪末,司法经验主义是过于小心谨慎的进程。但这并非完全是件坏事。如果立法机关和法院都被法即意志的观念所支配,并进而制定似乎什么都是最善的东西,那是最不幸的。而且仅因这一点理由,立法机关和法院将必须根据在预决的前提下或以众所周知的技巧且沿着固定路线发展法律,而不受任何约束。

作为法律的一种形式,普通法之遵照先例原则之所以取得成功,主要在于它将确定性与发展权融合在一起,而没有其他原理能够做到这一点。确定性被保证在合理的范围内,在此范围法院依据普通法传统体系中的法律原理及规则以类比推理断诉,并且,根据已知技巧发展法律诉讼原则。发展得到保证

---

* 此处所指权力分离是专指法院不享有造法权。——译者注

在于这种原则的范围并没有永恒权威地固定下来,而是当一些案件出现时,通过显示其实际工作的纳入和排除的过程并证明在其实际运作中达到如何程度的伸张正义,从中逐渐发现法律原则的范围。如果,在上个世纪,我们更多地仰仗这个预决的前提和固定的技巧,那么我们不会无上个世纪的法律可查,也不会丢失应用过去的司法经验方法去解决当时的司法难题,并使这一经验在司法实践中,产生的原则得以发展,同时通过司法实践的进程产生切实可行的正义原则。

普通法的这两个基本原理,即遵照先例原则和法律至上原则,有一个共同要素。在每一原理后面有相同的精神。先例原则意味着讼事将依据从过去的司法经验中归纳出来的原则来裁判,而不是按君主意志武断地确立规则推导出的原理来裁判。换言之,理性而非武断的意志是判决的最终基础。法律至上原则能够推导出相同的观念。它是这样一个原则,君王及其所有代理机关都必须依照法律原则,而不是依照武断的意志行事,更不得以任性替代理性行事。这两个原则代表了德国的法律理念,即法律是对上帝的正义和真理的探求。普通法的原理是一种应用于经验的理性原理。它体现出经验将为行为的标准和判决的原则提供最满意的基础。它认为,法律不是由君王意志的诏令武断地创制,而是由法官和法学家对过去实现或没有实现正义的法律原则、法律规则的经验中发现的。在经验中获得的这样的原理绝不仅仅是法律规则的解释和适用,而是在很大程度上对法律规则的确定必须留给法官作为惩戒的理由。同时,我们一定在由法官和律师界所编制的其他案件的判例汇编的评论中找到我们的自信:法官受到理性的支配,而且个别法官个人观察上的差误定会受到控制。普通法的生命力及其稳定性越来越受到重视,这归功于世界上其他地区的司法判例,这些也证实了此种期待的可靠性。并且我们的法律一开始就是具备进步的意义,而世界上其他国家正在为之而奋斗。维护并发展它是我们智慧的一部分,同时,充分确立和坚持法院对它的运用,以替代实验拜占庭原理或试验任何一种形式的拜占庭司法方法,实际上拜占庭原理在欧洲大陆已经全面试验过而且发现无效。

英美的司法经验主义体系受到太多的批评表明,它应该对其顽固性负责,由于此顽固性而使美国法在20世纪末停滞不前,而人类在其他方面的努力却在前进。但是,必须记住,在这方面,非独美国法如此,上个世纪,整个世界在法律方面都停滞不前,而且这是上个世纪的时代使然。无论法律、法典、判例法或者接受现代化了的罗马法传统以及改造了的法学家传统等的形式是什么,我们却看到了相同的静止特点。

如果,法律无视社会问题和法律对于现代社会中重要问题的漠视态度的原因均可在我们法律体系的传统因素中找到,并且由我前文中已讨论的一系列原因所决定,那么解救的最可靠办法亦可在那里见到。通过衡平的发展将道德融入了法律,并非立法的功绩而是法庭的工作。将商人惯例并入法律不是靠成文法而是靠司法判例。一旦法学家思潮和司法判例的倾向转入新的轨迹,英美法的司法经验主义的方法总是被证明适应的。只要提供一些新的前提,普通法就具有使其发展的方法以满足司法的急需,还可将结果铸入一个科学体系之中。再者,普通法还具有获得新的前提的能力,正如在衡平发展时期和吸收商法时期所显示的那样。的确,我们的法律体系中已经发生的根本变化几乎被忽视了,在我们的判例法中,可以看出,从

“19 世纪”法律正义的名义如此有意义地经历了一个个人主义正义观转向今天的社会正义观之进步。即使在我们的立法政策改变之前，这个变化也是非常明显的。

我们当代法律中的八个显著变化足以说明它们都体现在近代的伦理学、哲学和政治思想的精神之中。

首先，在这些变化中，我们注意到对财产使用的限制，目的在于防止反社会行使所有权的附属财产权利。在这点上，司法判例是进步力量。这里无须详述。我只需提一提我们判例法中就所谓“损人篱笆”（spite fence）的态度悄然改变在我们判例法中确立合理渗滤水和地表水的原则，其中以合作使用的原则取代地表所有者可以为所欲为的陈旧和狭隘观念。在法律对财产使用限制呈上升趋势之时，特别是对旨在防止法国人所谓的“权利滥用”的限制，这联想到我们已经进入的这个法律发展阶段和我称为衡平与自然法的自由化的早期阶段之间的类似情况。衡平意在防止不合理地行使法律权利；今天，我们试图防止反社会地行使法律权利。衡平所强加的是道义限制；而今日之法律正在强加的是社会限制。它努力恰如其分地界定个人利益同社会利益的关系，并将个人的法律权利限制在这些利益的范围之内。越来越多的倾向认为法律应当保护的是满足所有者对其财产合理需求，即包括与其邻人需求和社会的利益相一致的愿望。

第二，我们可以注意到对契约自由的限制。这种限制由立法和司法判例两者强制实施。立法限制范畴的例证参考可制定出要求现金支付报酬的成文法和调整改善劳动条件的成文法，以及对无法维持生计的最低工资的法规，等等。比如，司法限制的范例，足以提醒的是：法院实际上已经将保险法从契约的范畴中分离出来，将担保公司法从担保合同法中分离出来，并已确立公用事业公司的责任是非契约化的，这不是合意的结果，而是要求从事公共事业的公务员应承担之义务。这里，将当今与衡平或自然法阶段之间的再次比较是提示性的，衡平通过对合同权限的限制以保障债务人对抗债权人一方的不当得利。相应地，它防止在债务人收回抵押财产之权利的交易上出现障碍或权利的丧失并推翻与嗣子和将来享有继承权者之间的胁迫性合同。今天，我们再次通过契约自由的限制，来保护那些屈从于经济压力的人对抗具有更大经济自由的一方当事人之不当得利。

第三，我们可以注意到，对财产处理权的限制。这种限制主要是立法方面的。例如，在许多州，法律要求妻子参与财产的转让；在某些管辖区的成文法要求妻子参与家庭财物的抵押；麻省的成文法要求妻子为抵债而转让丈夫的工资（给债权人）。但是，在司法判例中，为了在某些特定地区防止通过非公平的压价销售获得或长期保持一项永久性的垄断权而具有限制处分权的倾向。

第四，我们可以提到对债权人或受害的一方获得满意的补偿权之限制。罗马法在古典时期已经发展了这种限制。在某些债务人对抗债权人的案件中，罗马法赋予仅就债务人支付暂时能够承受的限度，而不是全部金额的利益或特惠。自然，这个原理被现代民法拒之门外。因为它与 18 世纪和 19 世纪的个人主义步调不相一致。然而修改后的民法典，有许多条款限制债权人获得补偿的权利。例如，法律明文规定，有精神病的违法者承担的法定责任不能剥夺其维持生活的手段。在美国许多州盛行的宅基地豁免法和在某些州，个人财产豁免是按一家之长享有500美元,通常用手工业者的工具、专业人员(医生律师)的丛书,农民的牲畜和工具以及家长的薪水均享有完全豁免的豁免法都可用来说明这一点。在最近的讨论和立法中有一个显著的倾向,不再坚持认为债务人在任何情况下,即使在毁灭他及其家庭原情况下,仍然坚守誓约,相反,债权人也必须承担一定的风险,或者与债务人共担风险,甚至在某些情况下替代债务人承担风险。

第五,无过错责任思想复苏的趋势。不仅表现在雇用代理人承担广泛的责任,而且企业应承担由引起承担事件者的无过错伤害的补偿责任。这就是迪安·艾姆斯从历史法学家的立场回顾了基于人类意志的自由行为之上的法律原理的渐进历程之后所说的"冒个人风险行事的非道德标准"正在回到我们的法律之中。在双方都没有过错责任的情况下,鉴于社会正义迫切需要一种强烈而加剧的趋势要求确定损失的最佳承担者。

第六,司法判例中有一个十分明显倾向是从自然资源的保护和利用来考虑社会利益。例如,判例认为,流水和野生动物原本就是社会财产,除非基于保护社会利益之规定,否则,不能由私人所拥有或占用。

第七,我们注意到这样一个不断发展的倾向:认为公共基金应当对由公共机构造成个人的伤害负责赔偿;认为对个人伤害的风险是政府履行职能而不应由遭遇不幸的个人单独承担。

最后,近代的立法和司法判例已改变了对不能独立生活的家庭成员的旧有态度,法院不再使父母对其孩子们的自然权利成为他们决定的主要基础。过去常作为唯一的事是父母的个人利益,今天同孩子和社会的利益相比较,几乎已放到了末位。换言之,如今,社会利益才是主要考虑的。

诚然,我引证的许多实例来自立法。建立在过去两个世纪法律观念之上的一些立法上的创新被一些法院极力地抵制,这也是事实。然而,我确信,前面所列举的每一个变化都得到美国的最高法院支持,而且今天仍得到日益增加的大多数州法院的支持。再者,更重要的是许多重要范例取自司法判例。因此,如果我们法律体系的传统基因中存有病根,那么治疗正在我们眼皮下进行。这就是将社会观念注入必须伴随我们的法律传统因素之中。这种注入正在进行。正确的过程不是对我们的法院或司法组织进行拙劣修补,期望以我们从法律或司法历史中已经学到的或应该学到的全部东西为代价,在特种案件中产生特别效果。宁可提供一系列新的前提条件——新秩序的一些概念,法院可以适当形式运用它们并借助实际诉讼形成的司法经验发展它们使其融入现代化体制。无论法官如何选举,更换如何频繁,能满足今天社会需要的法律体系不能由 18 世纪法哲学的极端个人主义材料和基于上面相关的 19 世纪普通法来构成。对于大部分来说,这种方式必定是依据由法理科学和一贯地谨慎制定的法规以及依据条理清楚的规划做出准备。正如 19 世纪上半叶改革运动的立法都是在边沁的功利主义原理基础上制定的。

依理而论,不能要求法官领导当今的这个转变。法官必须同法律主流而且是在主流获得确定不变的合理内涵时,保持同步而不是追赶法律的前哨。让我们记住,在不久以前,正在抱怨法律的社会科学的信徒们,成功地使律师们确信在他们的法律教科书中读到这种观念。他们不能期望法庭操纵整个经济结构,责令法庭去关注社会普遍安全利益并在短时间内对法律反复思考。当我们考虑从法律秩序目的的传统观念向这个新观念的转变是多么重要时，一方面，新路线仍然是如何地前途未卜，另一方面，又是如何地彻底动摇了法院处理事务的根基。我们必须认识到希望法院一夜之间调整我们全部法律体系是怎样一种妄想。

居心叵测的外行解释是浅薄的。19 世纪的法律和我们已进入的法律发展时期的法律之根本不同，至少，并不归咎于法院、律师或法学家的恶劣利益关系的控制，也不是由于专门报道丑闻的法律新闻记者、司法机关中不法之徒以及律师界中仇视社会而居高位的人，而是在于观念之间的撞击，而非人为的因素。这是已经进入我们法律制度的每滴血和每一块肌肉一并起作用的观念，同风靡所有社会科学领域的一场新运动中产生的现代法理观念之间的冲突。根本问题的研究，不是不要法律通过司法机构中的变化或司法判例的复决权恢复到正义上来，而是走法律社会化的道路。

第八章　法律理性

威廉·詹姆士讲了一个他认为是由丹麦哲学家霍夫汀(Hoffding)独撰的故事。一个小男孩问她的母亲,上帝在六天内创造了整个世界是不是真的。“噢,是的”,他的母亲回答说,“那是千真万确的”。“上帝在六天内创造了万物吗?”小男孩又问。“噢,是的”,他的母亲说,“万物都创造完了”。“哦”,男孩说,“妈妈,上帝现在正在做什么呢?”霍夫汀认为,孩子的母亲应该这样向孩子解释:现在上帝正坐着让形而上学哲学家们画圣像。的确,所有试图提供记载的人类行为的某个部分的哲学价值,较小的范畴很可能是专业哲学家的尝试让上帝坐着供人画像,另外,如果我们要对法律发展的某个阶段制作一幅令人满意的图像,这个图像必定要追踪肯定已经结束的这个时期,这样,我们可以仔细观察法律发展的现象,在永恒的外观下它是什么样的。因此,试图给我们经过的法律发展阶段快速摄制照片,实为草率之举。但是,如果没有这方面的努力,我们将无法理解一种主要手段,借助这种手段使我们法律体系中的传统材料同现实保持联系,并能使其适应已经变化和正在变化的社会。

在前面一讲,我力图表明,司法造法的历程在于普通法传统材料的发展和提供的一些新的前提,这些前提大部分由法学家和立法者通过一个众所周知的技术——柯克爵士对他愤怒的君主所说的:“人为的理性和法律推理。”——来提供并以普通法传统为基础。因为,无论是在法律科学肇始之初用餐刀或鹤嘴锄影响普通传统材料,抑或是用现代法律武器库中更为复杂的方式影响普通法传统材料,司法活动必定被有意无意地引向某种终极目的。于法肇始之际,这个终极目的仅仅是和平秩序。在罗马法时代和中世纪是指维护社会现状,从 17 世纪迄今它是指促进一种最大限度的个人自我权利主张。假定上述的某种情况作为社会法律秩序的终极目的,法学家则作出一项以此为基础的高明评论。立法者给司法审判提供的新前提或多或少表明这种评论原则。当要求法官们对初步印象的争点作出处理时,他们根据自己的类比推理选择出适用这个评论原则,并就千变万化的事态,以之度量现行法律原理和规则,以便通过在不同的倾向扩张或限制这些法理和规则使之具体化。所有这些运作的基础就是一些关于法律是为了什么的理论。那么,靠这种理论何时我们似乎必然进入这个法律发展新阶段的理论?

那些抱有法律即将进入诸如新发展阶段想法的这些人和包括本身具有保守习惯的牛津大学的法理学教授一样,把这个阶段描述与 19 世纪相反如同法的社会化运动阶段。因为同

19 世纪相反,它似乎强调的是社会利益,是涉及社会生活的要求主张和愿望,而不是强调真空中抽象人的特性或孤独的个人意志自由。但是,如果"法的社会化运动"这个词给你们中的任何一位以危险的暗示;如果像俄罗斯审查官一样,把无论什么地方出现的沃德(Ward)"动态社会学"(Dynamic Sociology)中的"动态"和"社会学"的意义勾画出一个轮廓——不是因为审查知道这些词的意义,而是这些词听起来十分可疑像是充满"爆炸性的"(dynamite),和"社会主义"(socialism)*——或者像美国的一位大学校长,对他而言,社会学这个单词同法理学联系在一起时,就暗示着一个教授似的男按摩师在按摩只有在挂牌律师手中才安全的《民法大全》(*Corpus Juris*)——如果像他们中的任何一位,你们担心的仅仅是名称问题,根据时下的思维模式,用完全平淡的词句表述是可能的,让我们以工程用语说明新的观点;让我们谈及从政治或伦理的理想主义解释向工程学解释的转变。让我们以社会工程的一个伟大任务或一系列伟大任务的视角来思考法律之目的这个难题。让我们说这个转变在于撇开抽象的人类意志的和谐而考虑保护和实现具体的人类利益。从世俗化的观点来看,现实的主要悲剧可以说在于没有足够的物质财富来分配。一方面个人的主张,要求和欲望是无限的,另一方面满足他们的物质手段则是有限的。说得通俗一点,我们都要地球,而地球只有一个。这样,我们可以想到,法律秩序的一个任务是排除摩擦,消除浪费,保存现存的财富使之维持尽可能长久并消除人们在使用和享受它们时的摩擦与浪费。如此一来,每个人也许不能满足他所有的要

---

* 与 Dynamic Sociology 拼写上十分近似。——译者注

求,但至少可以获得他可能获得的一切。沿着这条思路,我们正在寻求以牺牲最少的利益而满足尽可能多的人的要求,愿望——即满足所有的利益主张。让我们对我在上一讲中所提到的当代美国法的八种倾向应用这种工程学解释。

首先,我们注意到对财产使用以及行使财产的附属权利限制的增加,以 19 世纪的思维方式看,这个问题仅仅是所有人权利与邻人权利之间的一个问题。每个人的所有权的自然有形界限都是完整的,只要他保持在其界限内以及在他的地界内他做的一切与他的邻人在其地界内的绝对所有权平等相一致,法律就无权对其干涉。因为法律的目的就在于承认最大限度的各自自我权利主张,这种主张仅仅受到所有的人相类似自我权利主张可能性的限制。因此,如果他在他的地界上修筑 8 英尺高的栅栏把他的地盘同他的邻居隔绝开来,并且将朝向邻居的一面栅栏漆成丑陋多色的花条纹,这与他邻居所做的完全相同;这就是行使属于他的附属于财产使用权(*jus utendi*)。至于他出于纯粹恶意的这一情况是无关紧要的,因为他绝没有侵犯他邻人的自由或财产。但是,假如我们认为法律不是一个消极的不得干预的体系,任由个人自我主张,而是为一定社会目的存在的积极的社会制度。那么,在这样的一个冲突中涉及什么样的社会的权利主张,要求或愿望?每方都有各自的实体利益。每方都声称是法律承认作为所有权者对其土地有使用、享受、获利的权利。一个人也可以主张个人人格利益,即自由地实现其意志,行使其权力。因而,如果他认为合适就能在其土地的修建的运作中享用这一权利。社会对这些权利主张将说什么呢?如果从社会利益和对个人要求达到某种程度产生的效果来考虑,这些主张应当同社会利益可能或完全相一致,我们应该说在财产取得安全保障的情况下才有社会利益。我们的经济秩序就是放在这一社会利益的基点上,社会利益才寓于个人的生活之中。但是,财产取得的安全是通过对财产的使用以满足所有者与社会生活相一致的需求来使我们满意的;或者,至少不会因为为了满足与社会生活相一致的其他需求所作的限制而受到严重损害。另外,包含社会利益的个人生活是一种道德的、社会的生活。所以,社会利益不能容忍为了满足反社会的邪恶目的而行使个人权利。当我们依据社会生活而不是依据抽象的个人意志来处理问题时,我们得出这样的结果,即法律越来越接近于全世界。

考察第二种情况,契约自由之限制的出现,在 1886 年的一个案件中,这个案件是 19 世纪一系列这样案件的起始点,一个采矿公司用在本公司的一个商店中汇单支付工资。这是立法机关所禁止的,问题在于这种法规禁止这类行为并强令雇用超过一定数量的雇员的雇主们用现金支付工资是否是对自由合同的任意干涉,是否是对自由人任意订立这类合同的权利的一种不合理限制,因而是违宪的和无效的。如果仅仅从抽象的采矿工个人和抽象的矿主个人之间来看这件事,这是 19 世纪看待这类事情的方法,或许我们会这样说:这个立法限制不是促使最大限度的自由个人的自我权利主张,相反,却抑制这样的自我权利主张,同时为了其他人可以有相似的自我权利主张之自由,这种限制是不必要的。因此,它是对一种自然权利的不正当干涉。而且,法院在此案件中实际上就是这么说的。但是,假如我们从个人道德和社会生活中的社会利益,即有关个人在人类生活中的社会利益来考虑,我们说矿业主只能用现金来支付工资的限制并没有侵犯人类尊严,也没有极力干涉采矿主的经历丰富生活，而且只有通过强加这样一个限制使权利要求的冲突得到某种和解，我们才能保护矿工的人类尊严并使他们能够过一种文明社会的人类生活。实际上采用这个标准就是威廉·詹姆士提出的一个伦理哲学原理——“在一个贫乏的世界，因为所有的愿望不可能都得到满足”，我们的目标应该是“尽量少地牺牲其他要求来满足尽可能多的愿望”。试图以社会功利主义的标准，尽量少地牺牲其他利益来使我们获得尽可能多的利益或者可以获得一样多的利益，那对合同自由的限制才是公正的，并且今天的法院已必然得出这样的结论。

现在我们来看看第三种情况，即所有者对财产处理权的限制。一个丈夫挣了 100 美元工资，正打算用这笔劳动血汗所得来还“高利贷者”。立法机关介入，并对他说，除非你妻子同意参与这次工资转让，否则你不得行使你工资权利主张的所有权的附带权利。19 世纪会考虑到既具有健全头脑的、成年的抽象自由人，又具有作为他的财产一部分的工资所享有的权利，进而可以询问：对所有者转让工资的权利的限制如何促进抽象个人最大限度的自我权利主张？是否这样的限制无论如何要求通过我们对一个人的这种自由限制是完全正确的方式来保护对所有人的某些自由？回答必在是否定的，如果在 19 世纪的 80 年代而不在 20 世纪的 20 年代，这样法规即使被制定出来，但却难在法院实施。现在让我们从它所涉及的社会利益的立场来观察一下。丈夫的权利主张从属于财产取得的安全方面的社会利益，妻子的要求从属于家庭制度——最主要的社会制度安全方面的社会利益。这样一个限制中涉及财产所得的普遍安全受到侵犯是不能忽视的。而人们对他们的财产的一般控制几乎不受这个限制的影响。另一方面社会制度最重要的一面是受到安全保护并且预防在拥挤的城市、工业社区中严重威胁手段的存在。

让我们考察对债权人强行清偿债务的请求权的限制，这一限制已不是什么新鲜东西，当其首次颁布时受到了法院的大肆责难。这些法院完全从抽象的单个债务人和抽象的单个债权人来思考，因此反对这些限制的情况似乎是既清楚又简单。但是，如果我们问怎样才能在交易安全方面接近社会利益，在商业和工业社会中建立在信用基础之上的普遍安全的基本形式——如果我们为了保护个人生活方面的社会利益到足以维持债务人最低限度的生活，我们将在多大程度上损害这种利益，问题就变成这样一种折衷，以双方最少的牺牲而保护二者尽可能多的利益。进而，我们为立法获得一个合理的基础，当一颁布法律时即刻这个法律或多或少地常常受到“实际从事农业贸易的”有阶级觉悟的人的压力或情感所支配。

不久前，除了最近的判例和最近的立法中对无过错责任负担具有显著倾向的几个新例之外，几乎没有什么事情激起更为激烈的司法分歧。美国最高法院的少数派认为判例中支持这种责任的法定负担是“对所有权利的威胁，完全属于一种政策性考虑”。但是新的案件正不断增加。让我们来举一个立法方面的例子。在多边管辖权下，如果一个机动车主把他的车子交由一个没有驾驶执照的人在高速公路上驾驶，如果发生了某种伤害，车主将在刑事上和损害赔偿上承担风险，尽管他没有任何疏忽并且采取了所有合理的预防措施。如果一个未经车主授权又缺乏驾驶知识的人将车开了出去，车主仍然被认为对造成的伤害负责。我们怎样才能判断这样一个责任的负担是正当的呢？如果我们仅仅从单个的车主和单个受撞的行人看，是不容易说清楚的。但是,如果我们一方面考虑到车主个人生活和拥有财产的安全和自由行使其车辆所有者附属财产的权利。另一方面考虑到生命及肢体的普遍安全,进而问,法规以最少的牺牲将最大限度地保证安全的是什么?事情看起来就完全不同了。今天的法律整个过程就是以后者的一种方式看待这个问题的一个实实在在的结果。

在上个世纪的最后30年,司法和立法态度的另一个变化,是接受了共有物(*res communes*)和无主物(*res nullius*)向公共财物(*res publicae*)的转化形式。正如我们常常想的某种东西是共有物。虽然,根据罗马法的说法,共有物不能为任何一个人所拥有,它们为所有的人共同使用。但是我们必须考虑使用这些共有物的个人权利和这些个人权利所依属的人。法律确认可以使用这些东西的人,财产权利归属于他们并确定了这些权利的范围。其他的东西是无主物。任何人不得暂时拥有它们,但是任何以据为己有之目的而占有的人可通过先占方式就可以成为该无主物的所有人。后来,有一种将此两者按公共财物对待的大趋势。有人认为共有物和无主物是:"由国家代表人民占有",还认为,因为这些东西被视为社会的自然资源,所以对它们的保护和对它们的有益于社会使用则要求任何人不得从中获得任何财产,或通过对它们的使用获得任何财产权时蒙受损失,而只能由国家管理以便最广泛地保护它们并最有利地使用它们达到与对其保护目的相一致。这样保护自然资源方面的社会利益已得到公认,并在自由行使个人权利方面的利益的迫切需要和取得财产安全方面的利益的迫切需求之间寻求平衡,而不是在控制这些资源的相互冲突的个人权利主张的意愿之间寻求折衷。

仅有这些例证是不够的。因为到现在为止,你已经察觉到这个方法,今天法理学编制的个人权利主张、个人要求、个人愿望的目录或清单同19世纪的法哲学完全一样。唯一不同的是今天的法理学并没有到此止步,而且假设这些主张不可避免地要求法律对它们的承认和保护。它进一步问:在这些个人要求被放在首位的社会生活中涉及什么样的社会主张和社会要求,这些个人要求在多大程度上让位于社会利益或等同于社会利益,在什么时候,按社会利益它们可被纳入其中,什么程度上它们可当成社会利益看待。什么东西可对这些社会利益产生最充分的效果而只作最小的损失?我缺少耶林(Rudolf von Jhering)的思考方式。他是第一个坚持法律秩序所保护的是利益而不是法律秩序所保护的法律权利。

法律是以允准救济开始,也是从允准诉讼开始。我们及时地从这些诉讼概括出并领悟出隐藏在这些诉讼和救济后面的权利。但是,由于诉讼是再取得权利的手段,因此,权利是法律授予的手段以便保护法律所承认的权利。自然而然,冒一切风险所要保护的自然权利范围就成了利益的范围——人类的权利主张,要求或愿望的范围——我们认为法律应尽其可能地保护这个范围内应受到的保护和安全保证;它是立法者作为道德和政治意义上考虑的事,而不是法官作为法律意义上考虑的事。正如,我在"19世纪的法哲学"一章所指出的,耶林之前,所有的法律理论者是个人主义的。法律的目的被认为是用这种方式协调个人意志之间的和谐以留给每个人最大可能宽阔的自由行动空间。我们可以看出这种理论既是哲学派的法学家也是历史学派法学家的观点。而耶林的观点是一种法社会学的理论。有鉴于18世纪对法律的想象好似个人祈求某种东西来对抗社会,而耶林认为,美国权利宣言的思想是社会的创造物,借此权利宣言个人找到被社会所承认的他个人利益的保护手段。虽然,许多敏锐的哲学评论矛头直接对准这种理论,但并未影响其中心思想。法律作为一种获得利益的手段或保护社会关系的这一观念几乎普遍地取代了这种个人主义的理论。

耶林的工作对法律科学具有永不磨灭的价值。老一辈法学家的法学理论是作为达到个人自由的手段,将法作为对个人意志的限制从而保护个人的自由。这些使法学家们脱离当今实际生活。耶林嘲笑的这些法学家们升入了一个法学概念的天堂,并坐在机器面前让它生产出每个概念的复制品——逻辑结果,使19世纪末的美国法官成为他们的复制品,这些法官们面对罪恶昭彰的社会和经济事实,坚持权利衡平和合同自由的法学理论。而另一方面,法律作为通向社会的目的之手段的观念,法律存在是为了保护社会的、公共的、个人的利益之原理要求法学家们同生活保持接触。在这样一种理论之下,完全抽象的考虑并不足以使法律规则公正。法律史的功能可归结为一种阐明法律原理和规则如何适应过去具体的情况,使我们能够判断如何应对这类的现实情况,而不是提供自我陶醉的前提条件,并借此以机械的推导获得一些法则。

社会功利主义的三个特征对于我们的任务是十分有意义的:即使普通法的传统材料具体化以适应现在和将来的目的。首先,是审视法律史的眼光。19世纪的个人主义书写的法律史是作为个人权利的形式不断增强并促进保护个人自由的逻辑演绎记录,因此,法律史是作为个人权利主张、个人要求和个人愿望的压力的产物。但这正是法律史之所非,我们不厌其烦地说,法律起始就反复强调普遍安全中的社会利益及其在公共秩序中最低限度的利益。例如,对休战或和平的考虑是日耳曼法典最富成效的制度。正如我们在盎格鲁—撒克逊法中发现这种制度,一种包括宗教秩序和宗教祭日以及节日秩序的类型制度,人们在宗教平静和这些圣节日子不得进行部落世仇的诉讼,亦不得通过械斗而寻求救济。在这些豁免权的背后是什么?是个人利益要求公众承认和安全保护的压力,或是在一个基督教社团要求履行宗教义务方面的社会利益?另一种类型包括当王国受到外敌入侵时,全国人民都涌入平静的有城墙的城市,在和平时期,国王已召集过军队并在其领导下准备应对一旦发生的战争。这时部落复仇的和私人的复仇均被停止。为什么?是因为个人需求采取对个人权利的认可形式的压力,或是因为社会利益在保卫社会中必须履行军事职责。为什么维护社会安定,个人要求救济的主张必须暂时放弃?还有另一种类型包括市场秩序、森林秩序,以及公路秩序。这些地方也禁止由于暴力引起的控诉而主张救济。这禁令的基础不是建立在个人利益的压力之上,而是建立在社会所依存的实现社会经济功能的社会利益之上,这还不清楚?再者,自由人为了政治和司法目的之集会秩序(the peace of the *gemot*)是在不妨碍发挥社会制度功能并借以维护社会秩序情况下,依赖于从中取得的社会利益。毋须赘述,其他方面休战或和平都是普遍安全中的最高社会利益的表述或认同。

其次,从社会功利主义的立场看,法律史是对于社会利益连续更广泛的承认和更有效的保护记录。这一点可以见之于法律原理及其规则的发展,似乎也可见之于关于法律秩序目的法律思想发展史。希腊古城美里塔司的希波达摩斯(Hippodamus of Miletus)是一位公元前 15 世纪研究政治和法律的作者,提出了法律三个层次的分类法;因为他说,法律诉讼只有三个可能的主题,即侮辱、伤害和自杀。在法律的这个范围内的陈述普遍安全是唯一考虑的利益,也仅仅被认为是最低层次的利益。一千多年以后,查士丁尼的《法学阶梯》试图将整个法律变成为三条箴言:诚实的生活、不侵犯他人、每个人各得其所。根据法律的主旨和范围的陈述,普遍安全包含着更广泛意义,财产取得的安全被看成是:在普遍意义里增添的社会利益。又是一千年后,如果真是培根(Bacon)写的那篇关于《法律运用》(*Use of the Law*)的论文,不难从中发现在16世纪的英国法中他的观点与此并无二致,他认为法律秩序的目的有三:保护我们的财产、保护我们的生命和保护我们的名誉。这里,从个人财产和个人人格的角度,普遍安全被狭隘地表达成生命和名誉两种简单的形式。在19世纪,边沁认为,法律目的有四:提供生存条件、维护安全、促使富裕、支持平等。其中,第二点包含查士丁尼的三个论点中的两个论点以及其他多种含义。

但是,即使边沁全面的表述也不能同今天的法律承认和寻求保护的多种多样的权利要求相提并论。因为,如果我们只看到社会利益就可以明白,法律秩序方面的努力至少要实现涉及文明社会生活的六点权利主张或需求。首先,我们把普遍安全,文明社会的权利要求或愿望置于法律的保护之下,以防止一些对文明社会生存威胁的行为。这种至高无上的社会利益包括:(1)和平和秩序,得到法律承认的首要利益;(2)30年以前的实证主义者所反对的,通过公共卫生立法所确认的普遍健康;(3)财产取得的安全;以及(4)交易安全。查士丁尼的三条箴言中受到确认的财产取得安全此后一直受到重视。交易安全与建立在信用之上的经济秩序同等重要,19世纪,后两个方面的安全是在损害个人生活的情况下得以坚持的。第二，社会制度的安全，即文明社会的权利要求或愿望，必然得到保证，以避免其家庭的、宗教的、政治的等基本制度功能的发挥受到威胁或妨碍。第三，我们对社会资源的保护，这是文明社会的要求或愿望，也是文明人类生存的自然环境和满足人类需要的手段，在这样的社会中不应该被浪费，而应该以对人类目的最经济和最广泛的应用相一致的方式来使用或享受它们。在一个发现和殖民化活动的世界，在从事发现的拓荒者和占用并开发自然资源的社会里，这些利益似乎被忽略了。在今天这个拥挤不堪的世界，它们是法律永恒的主题，处分权（*jus abutendi*）作为一项所有权的附属财产权利正趋于废弃。第四，我们将普遍道义、文明社会的要求或愿望置于法律保护之下，抵制那些暂时生活在这个社会上的一般群体道德情感背离的那些行为。在原始社会，这些利益是通过有组织的宗教来保护的。但是，法律很快取而代之。今天，在我们的法律中，通过普通法对付不轨行为，通过对大量法定罪行的确认，通过对抵制各种反道德倾向的公共政策的原则来保护这些利益。第五，普遍进步方面的利益，文明社会的要求或愿望受到法律保护，抵制妨碍经济、政治和文化进步的那些行为，并要求尽可能使那些个人行为导向进步形式。法律正在完全承认这种利益。最后，也是第六，我们可以从单个人的个人生活和文明社会的要求或愿望等方面考虑社会利益。在文明社会里每个成员都能依照该社会标准可以过上人的生活，并使之免受可能妨碍个人过这种生活的行为。承认这些利益是当代法律的特色。20 世纪对这些利益的坚决主张就像 17 世纪对普遍道义的坚持和 19 世纪对财产取得的安全和交易安全的坚持一样强烈。

最后,作为社会功利主义的一个结果,今天的法律理念正在形成法规,发展法律体系中的传统前提并从具体情况出发以促进社会利益的产生,而不是依据抽象人的抽象权利主张来考虑这些利益。一个英国法官讽刺性地陈述19世纪的纯粹抽象法律理性在离婚法庭出现之前的那个古老年代,该法官被要求判决一个工人犯重婚罪,当他问及被告要做什么无罪辩护时,被告讲了一个动人的故事,他的妻子如何同另一个男人逃走了,留给他许多需要照顾的幼儿,而他的艰苦劳动微薄收入又不足以维持生计。为了给孩子们提供一个体面的家,等了几年之后他再婚了。大法官莫尔先生摇摇头说:"我的善良人",他说:"法律在没有给你足够的补救之前是决不会离你而去的,应该首先在你妻子所在地的皇家民事法庭提起控告拐走你妻子的男人的诉讼。在这个诉讼中,经过两到三年,并花费二三百英镑之后,你将获得一个胜诉判决,但是损失很可能收不回来。然后,你应该对你的妻子在教会法院提起分居的诉讼。在两三年内并花费二三百英镑的费用之后,达到你与妻子分居的目的。然后,你才能够向国会申请完全离婚。这样,用四到五年的时间并用四五百英镑的费用,你将获得离婚。"接着,因为他看见被告没有耐心试图提出异议。继续就说:"如果你告诉我,你从来没有,在你的一生中从来没有希望过有如此多的便士,那么我的回答必然是:没有一个专门为富人制定的法律和另一个专门为穷人制定的法律,那曾是英国的光荣。"最后,他判决这个穷人一天的监禁。但是,莫尔大法官走在了时代的前面。甚至到19世纪末,律师们对在实践中不可能实现存在的理论救济持严肃的态度。他们认为抽象规则的抽象公正是完全足够的,认为那是它们可能的具体结果。这种态度只是单用法律自身推论出的标准衡量法律的自然结果。

在19世纪,我们从内部研究法律,今天的法学家从外部研究法律。19世纪试图发展一个完美的、协调的、由法学家们以形而上学或历史的观点发现的基本原则。今天的法学家能够而且必然会制定法律,同时也能够解释和应用法规,并更多地考虑或者更多地理智考虑法律在诉讼中必然依据的或者被适用的社会事实。19世纪以抽象的方法研究法律,今天的法学家坚持法律制度和法律原理的实际社会效果的研究。19世纪通过对其他立法进行分析研究为立法作准备,今天的法学家在为立法做准备中注重将法律研究同社会学的研究联系起来。19世纪认为比较法是明智立法的最好基础,而今天的法学家认为比较法律本身是不够的,更重要的是,如有任何可能,当他们将法律付诸实施时,只有更进一步地研究他们的社会运作及其所产生的效果。19世纪仅仅研究法律的制定,今天的法学家认为有必要研究使法律规则行之有效的手段。19世纪仅仅把法律史当作孤立的法律材料来研究法律原理如何进化和发展,而今天的法学家要求的是一种社会学的法律历史,研究法律原理在过去已经产生的社会效果以及如何产生这种社会效果的。他们要求的不是将法律原理和规则同他们时代的经济和社会历史相分离来对待的一部法律史,仿佛法律的变化缘由总是从过去的法律现象中可以找到。一部法律史并不试图表明过去的法律能通过系统地推导对每个问题给我们提供答案,似乎法律是一个没有缺口、没有法律上自相矛盾的体系,他们要求法律史向我们表明过去的法律是从社会、经济和心理的条件中产生出来的。它是如何使其本身适应这些条件,以及我们可依赖于法律作为基础或者忽略这一基础,并以基础牢固的、产生理想结果的期望继续前进到什么程度。运用这些方式,他们兢兢业业地使他们为达到法律目的的努力更富有成效。这就是20世纪的法理学精神。法律理念正是在这种精神之中被运用于我们已经接受的法律材料并使其成为实现今日世界正义的工具。

但是,作为一种社会功能的新立法理论不是我们任务的全部。在有健全的理论之前,我们需要构建这些理论的事实。即使我们已经得到了健全的理论,仍需要事实使我们能够运用这些理论。对立法者来说确定社会事实是困难的,要法院用我们的司法组织提供的方法来确定社会事实甚至更为困难。尽管一个普通的建议,法院也没有适当机制得到所要求的事实来行使必要的立法职能。照目前情况看,我们的法院必须在一般知识的一些问题的基础上和公认的已被接受的统一适用的原则基础上进行判决。除非律师在他们印好的答辩文书中提供素材,法院无法在委员会前获得社会事实论据和听证材料可供比较的知识,以及已经进行细致调查的专家们的证据和其他适合立法机关的各种手段等方面的知识,但法官仍必须制定法律和适用法律,而且,这些司法协议仲裁机构与麦卡锡博士对实际立法部门造法的划时代贡献相比差得甚远,但它们并非不能发展。已附属于某些法院的科学实验室和全体专家强烈地这样建议。但是,在我们能在这方面有所作为之前,我们必须准备更灵活的司法组织。我们必须赋予法院以组建这种行政机构的权力,因为摆在他们面前的业务要求如此。在我们目前的许多管辖区内,法官是受选择的行政官员支配,法官对他们没有控制权,这种现行制度同我们法院有效地处理社会的事实问题实际是不相适应的。在某种程度上,我们必须废弃在我们法律传统中涉及的司法与行政之间不能逾越的严格界限。我们必须承认行政人员对司法人员的有效的工作不是不涉及而是必须涉及的。我们必须使法院在适当的范围成为一个司法局,这只不过是一个加工出一些判决和判决意见书的机器。只有通过循序渐进的过程,我们的法律才能进化到为一个确定一些特定争议事实的理性的审判模式。与此相类似,以审理案件事实的纯机械模式开始,法律发展了理性的方法。不久前,采取完全的所谓机械的手段,社会事实论据要求对立法行使司法功能的目的已经达到。上个世纪从机械造法过渡到合理的造法,找到一个建议法院采取司法认知方法面对事实去发现一个合理模式是不困难的。

所有依靠我们的法律传统精神——普通法精神的这些变化影响是什么呢?这些变化同自17世纪末以来的法律思想进程是如此的背道而驰,以致一些人担心我们的整个司法大厦将几乎被倾覆。然而,今天最前沿的变化,并不比衡平法院兴盛的出现,衡平法的发展,以及将道德融于法律以改造严格法的后果所发生的变化更激进。并且,19世纪,在衡平法已被普通法吸收之后,回过头来研究《年鉴》并认识到曾经生活在那个体制下的显赫人物——乔克(Choke)、布赖恩(Brian)和福蒂斯丘(Fortescue)是我们中世纪法学的杰出人物。坚持法律作为理性法律在诉讼判决中经过司法总结经验而得以发展,并拒绝承担维护来自每一事物的权利,同时将其托之于抽象观念,因为经过法律至上的各种变迁,所有这些都已幸存下来。这些观念同短暂出现的相关规则和教条相比是实实在在的,它们占据我们民族精神和道德风貌如此大的部分,要除掉它们,则需要用比法律的和政治的改革更大的力气。